Schritt für Schritt
in Alltag und Beruf 3

Niveau A2.1

Deutsch als Zweitsprache
Kursbuch und Arbeitsbuch

Silke Hilpert
Daniela Niebisch
Sylvette Penning-Hiemstra
Angela Pude
Franz Specht
Dörte Weers
Monika Reimann
Andreas Tomaszewski

Hueber Verlag

Beratung:
Ulrike Ankenbrank, München
Annette Decker, Neu-Isenburg

Für die hilfreichen Hinweise danken wir:
PD Dr. Marion Grein, Johannes Gutenberg-Universität Mainz
sowie allen Teilnehmerinnen und Teilnehmern an den Kursleiter-Workshops

Foto-Hörgeschichte:
Darsteller: Bayram Celik, Constanze Fennel, Marget Flach, Astrid Dorothea Hasse, Philip Krause, Marie-Anne Lechelmayr, Alexander Merola, Alvaro Ritter, Kirsten Schneider u. a.
Fotograf: Matthias Kraus, München

unter Mitarbeit von:
Katja Hanke

 Die Mediendateien finden Sie in der *Hueber Media*-App und unter
www.hueber.de/schritt-fuer-schritt

Der Verlag weist ausdrücklich darauf hin, dass im Text enthaltene externe Links vom Verlag nur bis zum Zeitpunkt der Buchveröffentlichung eingesehen werden konnten. Auf spätere Veränderungen hat der Verlag keinerlei Einfluss. Eine Haftung des Verlags ist daher ausgeschlossen.

Das Werk und seine Teile sind urheberrechtlich geschützt.
Jede Verwertung in anderen als den gesetzlich zugelassenen Fällen bedarf deshalb der vorherigen schriftlichen Einwilligung des Verlags.

Eingetragene Warenzeichen oder Marken sind Eigentum des jeweiligen Zeichen- bzw. Markeninhabers, auch dann, wenn diese nicht gekennzeichnet sind. Es ist jedoch zu beachten, dass weder das Vorhandensein noch das Fehlen derartiger Kennzeichnungen die Rechtslage hinsichtlich dieser gewerblichen Schutzrechte berührt.

7.	6.	5.		Die letzten Ziffern
2028	27	26	25	24	bezeichnen Zahl und Jahr des Druckes.

Alle Drucke dieser Auflage können, da unverändert, nebeneinander benutzt werden.
1. Auflage
© 2019 Hueber Verlag GmbH & Co. KG, München, Deutschland
Umschlaggestaltung: Sieveking Agentur, München
Layout und Satz: Sieveking Agentur, München
Druck und Bindung: Passavia Druckservice GmbH & Co. KG, Passau
Printed in Germany
ISBN 978–3–19–031087–6

Aufbau

Inhaltsverzeichnis – Kursbuch	IV
Inhaltsverzeichnis – Arbeitsbuch	VI
Vorwort	VIII
Die erste Stunde im Kurs	9
Kursbuch: Lektionen 1–7	10
Arbeitsbuch: Lektionen 1–7	102
Lernwortschatz	182
Grammatikübersicht	205
Lösungen zu den Tests	210

Symbole und Piktogramme

Kursbuch

3 ▶ 9	Hörtext	Grammatik:		Kommunikation:	
	Film	Du **solltest** Karla **holen**.		Du überrascht mich. Das finde ich interessant. / seltsam.	
	Einsatz mobiler Geräte (fakultativ)	Hinweis:			
ÜG	Verweis auf Schritte Neu Grammatik (ISBN 978-3-19-011081-0)	schon ↔ noch nicht jemand ↔ niemand etwas ↔ nichts		Audios und Videos zum Einschleifen und Üben der Redemittel: 	

Arbeitsbuch

2 ▶ 1	Hörtext
B2	Verweis ins Kursbuch

drei **III**

Inhaltsverzeichnis **Kursbuch**

			A	**B**	**C**
1	**Ankommen** Folge 1: Aller Anfang ist schwer. Grammatik, Kommunikation Zwischendurch mal …	10 20 22	Ich bin traurig, weil … · Gründe nennen	Ich habe schon … kennengelernt. · von Alltagserlebnissen berichten	So was hast du noch nicht erlebt! · von Pannen im Alltag erzählen
2	**Zu Hause** Folge 2: Was man hat, das hat man. Grammatik, Kommunikation Zwischendurch mal …	24 34 36	Die Lampe hängt an der Decke. · Ortsangaben machen: *Wo …?*	Kann ich das auf den Tisch legen? · Ortsangaben machen: *Wohin …?*	Kommen Sie doch rein. · Richtung angeben
3	**Essen und Trinken** Folge 3: Eine Hand wäscht die andere. Grammatik, Kommunikation Zwischendurch mal …	38 46 48	Ich esse nie Fleisch. · Häufigkeitsangaben machen	Du möchtest doch auch einen, oder? · Dinge im Haushalt benennen	Guten Appetit! · Gespräche bei einer Einladung führen
4	**Arbeitswelt** Folge 4: Glück muss der Mensch haben! Grammatik, Kommunikation Zwischendurch mal …	50 58 60	Wenn es ein Problem gibt, dann … · Bedingungen ausdrücken	Du solltest jetzt Karla holen. · Ratschläge geben	Stellenanzeigen · Stellenanzeigen verstehen
5	**Sport und Fitness** Folge 5: Übung macht den Meister! Grammatik, Kommunikation Zwischendurch mal …	62 70 72	Ich bewege mich zurzeit nicht genug. · Gesundheitstipps verstehen	Ich interessiere mich sehr für den Tanzsport. · Interesse ausdrücken	Darauf habe ich keine Lust. · nach Interessen fragen
6	**Schule und Ausbildung** Folge 6: Von nichts kommt nichts. Grammatik, Kommunikation Zwischendurch mal …	74 84 86	Ich wollte auf meiner Schule bleiben. · über Wünsche und Pläne aus der Kindheit/Jugend sprechen	Es ist wichtig, dass … · die Meinung sagen	Schule · über das Schulsystem und die Schulzeit sprechen
7	**Feste und Geschenke** Folge 7: Das kannst du laut sagen. Grammatik, Kommunikation Zwischendurch mal …	88 96 98	Ich habe meinem Mann … gekauft. · über Geschenkideen sprechen	Ich kann es Ihnen nur empfehlen. · Bitten und Empfehlungen ausdrücken	Hochzeit · Kurznachrichten über eine Hochzeit verstehen · über ein Fest berichten

D	E	Wortfelder	Grammatik
Wohn- und Lebensformen · von Wohn- und Lebensformen erzählen	**Familie und Verwandte** · über die Familie berichten	· Familie und Familienmitglieder · Wohn- und Lebensformen	· Konjunktion *weil*: *Tim ist traurig, weil er allein ist.* · Perfekt trennbarer Verben: *hat angerufen,* … · Perfekt nicht-trennbarer Verben: *hat erlebt,* … · Perfekt Verben auf *-ieren*: *ist passiert,* … · Präposition *von*: *der Mann von Vera.*
Mitteilungen im Haus · Mitteilungen und Regeln in Mietshäusern verstehen	**Zusammen leben** · Gespräche mit Nachbarn führen · Um Hilfe bitten	· Wohnung · Mietshaus · Zusammenleben im Mietshaus	· Wechselpräpositionen: *auf dem Tisch – auf den Tisch,* … · Verben mit Wechselpräpositionen: *stehen – stellen, liegen – legen* · Direktionaladverbien: *rein, raus, runter* …
Bei Freunden zu Gast · Eine Radiosendung zum Thema „Einladungen" verstehen	**Auswärts essen** · Gespräche im Restaurant führen	· Geschirr · Essen und Mahlzeiten · im Restaurant	· Indefinitpronomen im Nominativ und Akkusativ: *Hier ist einer. Ich möchte einen.*
Telefongespräche · Telefongespräche am Arbeitsplatz führen	**Arbeit und Freizeit** · einen Sachtext verstehen · über Arbeit und Freizeit sprechen	· Arbeit und Freizeit · Arbeitssuche · Betrieb/Firma · Hotel	· Konjunktion *wenn*: *Was machen wir, wenn es einen Notfall gibt?* · Konjunktiv II: *sollten*: *Du solltest Karla holen.*
Anmeldung beim Sportverein · sich beim Sportverein anmelden und nach Informationen fragen		· Sport und Sportarten · Gesundheit und Fitness	· reflexive Verben: *sich bewegen,* … · Verben mit Präpositionen: *sich interessieren für, zufrieden sein mit,* … · Fragewörter und Präpositionaladverbien: *Worauf? – Darauf.*
Aus- und Weiterbildung · Aus- und Weiterbildungsangebote verstehen		· Schule und Schularten · Schulfächer · Ausbildung und Beruf	· Präteritum der Modalverben: *musste, konnte,* … · Konjunktion *dass*: *Es ist wichtig, dass man einen guten Schulabschluss hat.*
Geschenke · Meinungen und Vorlieben ausdrücken · Wichtigkeit ausdrücken	**Ein Fest planen** · von Festen erzählen · Feste planen	· Geschenke · Hochzeit · Feste	· Dativ als Objekt: *meinem Mann, meiner Nachbarin,* … · Stellung der Objekte: *Ich kann es Ihnen nur empfehlen.* · Präposition *von* + Dativ: *von meinem Enkel,* …

fünf V

Inhaltsverzeichnis **Arbeitsbuch**

1 Ankommen

Schritt A – E	· Übungen	102
Phonetik	· Satzmelodie und Satzakzent	104
	· *e* und *er* in Vorsilben	109
Prüfungsaufgabe	· GZ, DTZ, Sprechen, Teil 1	104
Test		112

2 Zu Hause

Schritt A – E	· Übungen	113
Phonetik	· Umlaut *ü*	120
	· Wortakzent	122
Prüfungsaufgabe	· DTZ, Lesen, Teil 3	124
Test		125

3 Essen und Trinken

Schritt A – E	· Übungen	126
Phonetik	· Laut *s*	133
Prüfungsaufgabe	· DTZ, Hören, Teil 1	133
Test		135

4 Arbeitswelt

Schritt A – E	· Übungen	136
Phonetik	· Laut *ch*	144
Prüfungsaufgabe	· GZ, Hören, Teil 1	141
Test		146

5 Sport und Fitness

Schritt A – D	· Übungen	147
Phonetik	· Laut *r*	155
Prüfungsaufgabe	· DTZ, Lesen, Teil 2	156
Test		158

6 Schule und Ausbildung

Schritt A – D	· Übungen	159
Phonetik	· *-ig* und *-ich* am Wortende	166
	· Laute *f*, *w* und *b*	166
	· Satzmelodie	166
Prüfungsaufgabe	· GZ, Lesen, Teil 1	164
Test		169

7 Feste und Geschenke

Schritt A – E	· Übungen	170
Phonetik	· Umlaut ö	175
	· Aufeinandertreffende Konsonanten	175
Prüfungsaufgabe	· GZ, Sprechen, Teil 2	177
	· GZ, Sprechen, Teil 3	178
Test		181

Lernwortschatz

Lektion 1	182
Lektion 2	184
Lektion 3	188
Lektion 4	191
Lektion 5	194
Lektion 6	197
Lektion 7	202

Vorwort

Liebe Leserinnen, liebe Leser,

mit *Schritt für Schritt in Alltag und Beruf* legen wir Ihnen ein speziell auf die Bedürfnisse von Lese- und Schreibungeübten zugeschnittenes Lehrwerk vor, mit dem wir das bewährte und erprobte Konzept von *Schritte plus Neu* insbesondere für diese Zielgruppe anpassen konnten.

Mit *Schritt für Schritt in Alltag und Beruf* bieten wir ein passgenaues Lehrwerk für lese- und schreibungewohnte Teilnehmer/innen in den Integrationskursen an. Durch vereinfachte Aufgabenstellungen, Transparenz sowie Kleinschrittigkeit durch die Stoffverteilung in kleine Lernportionen und Festigung in Schreibaufgaben u.v.m. ist das Lehrwerk hervorragend auf die Erfordernisse Ihres Unterrichts angepasst. Im Folgenden geben wir Ihnen einen Überblick über Neues und Altbewährtes im Lehrwerk und wünschen Ihnen viel Freude in Ihrem Unterricht.

Schritt für Schritt in Alltag und Beruf A2.1 und A2.2

- führt Lernende ohne Vorkenntnisse zusammen mit den Bänden A1.1 und A1.2 in 2 Bänden zu dem Sprachniveau A2
- orientiert sich an den Vorgaben des Gemeinsamen Europäischen Referenzrahmens sowie an den Vorgaben des Rahmencurriculums für Integrationskurse des Bundesamts für Migration und Flüchtlinge
- bereitet kleinschrittig auf die Prüfungen *Goethe-Zertifikat A2* und *Deutsch-Test für Zuwanderer* (Stufe A2–B1) vor
- bereitet die Lernenden auf die Anforderungen in Alltag und Beruf vor
- ermöglicht einen zeitgemäßen Unterricht mit vielen Angeboten zum fakultativen Medieneinsatz (verfügbar im Medienpaket sowie im Lehrwerkservice und abrufbar über die *Hueber Media*-App)

Der Aufbau von *Schritt für Schritt in Alltag und Beruf*

Kursbuch (sieben Lektionen)
Lektionsaufbau:
- Einstiegsdoppelseite mit einer Foto-Hörgeschichte als thematischer und sprachlicher Rahmen der Lektion (verfügbar als Audio oder Slide-Show) sowie einem Film mit Alltagssituationen der Figuren aus der Foto-Hörgeschichte
- Lernschritte A – C: kleinschrittige Einführung des Stoffs in abgeschlossenen Einheiten mit einer besonders klaren Struktur
- Lernschritte D+E: Trainieren der vier Fertigkeiten Hören, Lesen, Sprechen und Schreiben mit einem speziell für Lese- und Schreibungeübte angepassten Schwierigkeitsgrad und systematische Erweiterung des Stoffs der Lernschritte A – C
- eine klare Übersichtsseite Grammatik und Kommunikation mit Möglichkeiten zum Festigen und Weiterlernen sowie zur aktiven Überprüfung und Automatisierung des gelernten Stoffs durch ein Audiotraining und ein Videotraining
- eine Doppelseite „Zwischendurch mal …" mit spannenden fakultativen Unterrichtsangeboten wie Filmen, Projekten, Spielen, Liedern etc. und vielen Möglichkeiten für einen abwechslungsreichen Unterricht

Arbeitsbuch (sieben Lektionen)
Lektionsaufbau:
- abwechslungsreiche Übungen zu den Lernschritten A – E des Kursbuchs
- Übungsangebot mit klaren Aufgabenstellungen, vielen Schreibaufgaben und mehr Raum für komplexe Inhalte
- ein systematisches Phonetik-Training
- ein systematisches Schreib- und Rechtschreibtraining (*richtig schreiben*)
- Aufgaben zur Prüfungsvorbereitung auf das *Goethe-Zertifikat A2* (ausgezeichnet mit *GZ*) und den *Deutsch-Test für Zuwanderer* (ausgezeichnet mit *DTZ*)
- Selbsttests am Ende jeder Lektion zur Kontrolle des eigenen Lernerfolgs der Teilnehmer

Anhang:
- Lernwortschatzseiten mit Lerntipps, Beispielsätzen und illustrierten Wortfeldern
- Grammatikübersicht

Außerdem finden Sie im Lehrwerkservice zu *Schritt für Schritt in Alltag und Beruf* vielfältige Zusatzmaterialien für den Unterricht und zum Weiterlernen.

Viel Spaß beim Lehren und Lernen mit *Schritt für Schritt in Alltag und Beruf* wünschen Ihnen

Autoren und Verlag

Die erste Stunde im Kurs

1 Stellen Sie sich vor: Wie heißen Sie?

2 Lesen Sie die Texte und verbinden Sie.

           1 ist Polin/Pole.
           2 ist Kanadierin/Kanadier.
a Tim   3 hat eine neue Arbeit in einem Hotel.
b Lara   4 kennt Tim aus dem Deutschkurs.
           5 zieht in eine neue Stadt um.

Hallo! Mein Name ist Tim Wilson. Ich komme aus Ottawa. Das ist die Hauptstadt von Kanada. Dort leben auch meine Eltern und mein Bruder. Ich bin schon fast ein Jahr hier in Deutschland. Ich habe einen Sprachkurs gemacht und mein Deutsch verbessert. Jetzt habe ich eine Stelle an der Rezeption in einem Hotel bekommen und ziehe gerade um. Neue Stadt, neues Glück. Leider kenne ich dort noch keine Leute. Aber das wird schon ... hoffe ich.

Ich bin Lara Nowak und komme aus Polen. Tim habe ich in der Sprachenschule kennengelernt. Ich mag ihn, er ist nett und lustig. Wir haben viel miteinander gelacht. Nun geht jeder seinen eigenen Weg. Na ja, so ist das Leben. Zum Glück gibt's das Internet!

3 Arbeiten Sie zu zweit.
Fragen Sie Ihre Partnerin / Ihren Partner und ergänzen Sie den Fragebogen.

Vorname:
Name:
Heimatland:
Seit wann hier?
Sprachen:
Hobbys:
Beruf:

Woher kommst du?

4 Im Kurs: Stellen Sie Ihre Partnerin / Ihren Partner vor.

Das ist Hah Sae-yun. Er kommt aus Korea.

neun 9

Ankommen

Folge 1: Aller Anfang ist schwer.

1 Sehen Sie die Fotos an.

a Was meinen Sie? Was ist richtig? Umkreisen Sie.

Foto 1 und 4	Tim sieht sich ein Foto von Lara an. skypt mit Lara.
Foto 2 und 3	Tim erzählt: Er ist in den Urlaub gefahren. umgezogen.
Foto 3	Er findet seine Wohnung schön. nicht schön.
Foto 3 und 4	Tim ist glücklich. traurig.
Foto 5 und 6	Er trifft im Supermarkt Freunde. Nachbarn.
Foto 7	Tim geht es nach dem Einkauf besser. nicht besser.

1 ▶ 1–8 b Hören Sie und vergleichen Sie.

1 ▶ 1–8 **2 Hören Sie noch einmal und ordnen Sie zu.**

• Nachbarn • Zentrum • Hotel • Wohnung • ~~Musik~~

Tim hat eine Arbeitsstelle in einem _____ bekommen. Er kann aber dort
nicht wohnen. Nun wohnt er in einer Zweizimmer-_____. Die Wohnung
gefällt ihm nicht, sie ist weit vom _____ weg. Er muss vierzig Minuten fahren.
Tim ist traurig und hat das Gefühl: Er ist allein.
Im Supermarkt lernt Tim zwei _____ kennen. Sie heißen Betty und Paul.
Sie wohnen im ersten Stock und lieben _Musik_.

3 Wer wohnt wo?
Ordnen Sie zu.

Betty und Paul
Tim

1. Stock
Erdgeschoss

Tims Film

elf 11

A Ich bin traurig, **weil** …

A1 Tim ist traurig, weil …

a Verbinden Sie.

1 Tim ist traurig,   a weil er Hunger hat.
2 Tim kauft ein,   b weil die Musik laut ist.
3 Tim geht es besser,   c weil er allein ist.
4 Tim kann nicht schlafen,   d weil er nette Nachbarn hat.

b Ergänzen Sie.

Tim ist traurig,	weil	er allein	ist.
	weil		
	weil		
	weil		

A2 Warum?

a Lesen Sie die Nachrichten.

Hallo Tim. Wie geht es dir?

Na ja, nicht so gut. 😢

Warum nicht?

Weil ich hier ganz allein bin. 😢
Weil ich nicht im Hotel wohnen kann. 😢
Weil ich keine Freunde gefunden habe. 😢
Und weil Lara nicht oft anruft. 😢

b Warum geht es Tim nicht so gut? Schreiben Sie und markieren Sie.

1 Er **ist** allein.
   Weil er allein **ist**.

2 Er kann nicht im Hotel wohnen.

3 Er hat keine Freunde gefunden.

4 Lara ruft nicht oft an.

1

A3 Wer zieht warum um?

1 ▶ 9–12   **a** Hören Sie und ordnen Sie zu.

② A Aleke   ○ B Omar   ○ C Anja   ○ D Adil

1 Ich möchte in Marburg studieren.
2 Ich habe eine Arbeit in Berlin gefunden.
3 Ich habe eine Stuttgarterin geheiratet.
4 Meine Familie und meine Freunde leben in Köln.

b Ich ziehe um, weil … Schreiben Sie die Sätze mit *weil*.

Aleke   Weil ich eine Arbeit in Berlin gefunden habe.
Omar   _____
Anja   _____
Adil   _____

A4 Warum? Weil …

Schreiben Sie drei Fragen mit *warum*. Ihre Partnerin / Ihr Partner schreibt drei Antworten mit *weil*.

Warum?

glücklich sein   traurig sein   Deutsch lernen
heute frei haben   gut singen können   lange geschlafen
viel telefonieren   eine neue Arbeit suchen   …

Weil …

meine Familie vermissen   mehr verdienen wollen
viel üben   Sonntag sein   die Sonne scheinen
meine Heimat vermissen   heute Abend Freunde treffen
arbeitslos sein   Nachbarn nett sein   …

Warum bist du heute glücklich?   Weil die Sonne scheint.
Warum lernst du …

dreizehn 13 KB

B Ich **habe** schon ... **kennengelernt**.

B1 Gestern Abend und heute Morgen. Lesen Sie die Nachricht.

> E-Mail senden
>
> Hi Joanna!
> Gestern habe ich nicht geantwortet – ich war nach dem Umzug sehr müde und traurig 😢 . Meine Wohnung ist gar nicht schön 👎 und ich war so allein 😓 . Ich habe nur meine Sachen ausgepackt und habe Lara angerufen.
> Ich bin dann noch kurz in den Supermarkt gegangen und habe eingekauft. Dort habe ich meine Nachbarn kennengelernt: Betty und Paul!
> Später habe ich dann gleich geschlafen – ich war ja sooo müde 😴 .
> Und heute Morgen ist das passiert: Ich habe den Wecker nicht gehört und bin zu spät aufgestanden. Ich bin schnell zur S-Bahn gelaufen und dann bin ich in die falsche S-Bahn eingestiegen 😫 . Aber ich bin noch pünktlich im Hotel angekommen! Puh!
> Bis bald! 👋

a Was hat Tim gestern Abend gemacht? Kreuzen Sie an.

eingekauft   Lara angerufen   geantwortet   Sachen ausgepackt
Nachbarn kennengelernt   Joanna geschrieben   geschlafen

b Was ist heute passiert? Ordnen Sie die Bilder.

c Lesen Sie noch einmal. Markieren Sie und ergänzen Sie.

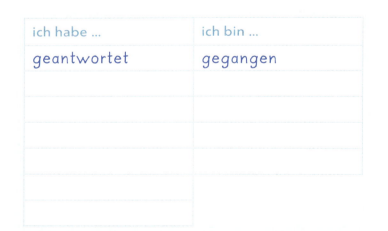

ich habe ...	ich bin ...
geantwortet	gegangen

WIEDERHOLUNG

ich habe ge**hör**t
du hast ge**schlaf**en

| ich | bin | ge**lauf**en |
| | | an**ge**kommen |

d Ergänzen Sie.

1 ein/kaufen → habe _eingekauft_
2 kennen/lernen → habe ___
3 an/fangen → habe ___
4 auf/stehen → bin _aufgestanden_
5 ein/steigen → bin ___
6 an/kommen → bin ___

ein/kaufen	→	eingekauft
an/rufen	→	angerufen
auf/stehen	→	aufgestanden

B2 Tims Abend – Tims Morgen. Schreiben Sie Sätze.
Vergleichen Sie dann mit Ihrer Partnerin / Ihrem Partner.

Tims Abend
a (Sachen auspacken – Lara anrufen) Tim …
b (Supermarkt gehen) Er …
c (zwei Nachbarn kennenlernen) Dort …
d (Nachbarn später laut Musik hören) Die …
e (gleich schlafen) Aber Tim …

Tims Morgen
f (Wecker nicht hören) Zuerst hat Tim …
g (zu spät aufstehen) Er …
h (schnell zur S-Bahn laufen) Er …
i (in die falsche S-Bahn einsteigen) Aber er …
j (noch pünktlich im Hotel ankommen) Er …

a Tim hat seine Sachen ausgepackt und hat Lara angerufen.
b Er ist in den …

B3 Was haben Sie gestern gemacht?

a Kreuzen Sie an.

○ aufstehen ○ einkaufen ○ arbeiten ○ essen ○ Sport machen ○ anrufen ○ …

b Sprechen Sie mit Ihrer Partnerin / Ihrem Partner:
Was haben Sie gestern gemacht?

◆ Ich bin gestern sehr früh aufgestanden. Und du?
○ Ich bin erst um halb neun aufgestanden, weil ich frei hatte.
◆ Hast du gestern eingekauft?
○ Ja, ich war im Supermarkt. Ich habe Wasser und Saft für meine Familie gekauft.

C So was **hast** du noch nicht **erlebt**!

C1 Hören Sie und ordnen Sie zu.

1 ▶ 13–15

erlebt   passiert   verstanden

A

B

C

- ◆ Ach, Lara! ...
- ○ Das klingt aber nicht gut. Was ist _____?

- ◆ So was hast du noch nicht _____! Hier, sieh mal.

- ▲ Ich habe es _____.
- ◻ Was hast du verstanden?

| pass**ier**en → ist pass**iert**   **er**leben → hat **er**lebt |

auch so: ver-, be-, ent-

C2 Pannen im Alltag

a Welche Nachrichten passen zusammen? Lesen Sie und ordnen Sie zu.

1 So ein Mist! Ich habe die S-Bahn verpasst, komme 20 Minuten zu spät.

2 Schatz, ich habe den Schlüssel vergessen und es jetzt erst bemerkt. Ab wann bist du zu Hause?

3 Stell dir vor, Jan hat im Urlaub seine Geldbörse verloren. ☹

○ So ein Pech! Mit Papieren und Kreditkarte?

① Alles klar, bis dann!

○ Oje! Ich habe gerade erfahren: Heute muss ich lange arbeiten und kann erst ab 20 Uhr zu Hause sein. ☹

b Lesen Sie noch einmal und markieren Sie in a. Ergänzen Sie dann.

verpassen – hat *verpasst*	verlieren – hat _____
vergessen – hat _____	erfahren – hat _____
bemerken – hat _____	

C3 Was ist Ihnen schon passiert?

Was haben Sie schon verloren, vergessen oder verpasst ...?

Sprechen Sie mit Ihrer Partnerin / Ihrem Partner.

- ◆ Ich habe letztes Jahr mein Handy in der U-Bahn vergessen.
- ○ Oh nein. So ein Pech! Und was hast du dann gemacht?
- ◆ Ich habe beim Fundbüro angerufen. Zum Glück hat ein Mann mein Handy gefunden und ...

| So ein Pech! | Oje! | Und was hast du dann gemacht? |
| Zum Glück! | Oh nein! | Und was ist dann passiert? |

D Wohn- und Lebensformen

D1 Im Mietshaus

a Sehen Sie das Bild in b an. Wer wohnt wo? Was meinen Sie? Sprechen Sie.

- die Familie   • das Ehepaar   • die alleinerziehende Mutter
- die Wohngemeinschaft (WG)   • der Single

im Erdgeschoss
im ersten/zweiten/dritten Stock
in der Dachwohnung

Im dritten Stock wohnen drei Frauen. Das ist wahrscheinlich ...

1 ▶ 16–20 **b** Hören Sie und ordnen Sie aus a zu.

• der Single

1 ▶ 16–20 ### D2 Was ist richtig?

Hören Sie noch einmal und umkreisen Sie.

a Hristo Radev lebt   mit seinem Kind.   allein.
   Er hat bisher bei   (seinem Bruder)   seiner Frau   gelebt.
b Frau Wasilewski   ist verheiratet.   lebt allein mit ihrem Sohn Adam.
   Die Familie hat jetzt   zwei Zimmer.   drei Zimmer.
c Frau Hauser lebt seit   einem halben Jahr   sechs Jahren   von ihrem Mann getrennt.
   Ihre Tochter Ella   sucht eine Wohnung.   geht in die Schule.
d Yusuf und Ayşe Dirim leben   schon   noch nicht   lange in Deutschland.
   Sie haben   schon   noch keine   Enkel.
e Teresa kommt aus   Italien.   Spanien.
   Patricia und Luisa sind   Studentinnen.   Köchinnen.

siebzehn **17**

E Familie und Verwandte

E1 Meine Verwandten

a Welche Wörter kennen Sie? Umkreisen Sie.

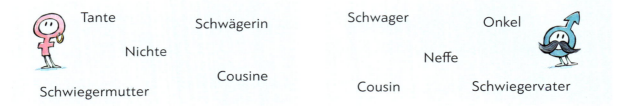

Tante, Schwägerin, Schwager, Onkel, Nichte, Neffe, Cousine, Cousin, Schwiegermutter, Schwiegervater

b Erklären Sie die Wörter im Kurs. Hilfe finden Sie im Lernwortschatz auf Seite 184.

> Mein Onkel ist der Bruder von meinem Vater.

> Meine Schwägerin ist die Schwester von meinem Mann.

> Meine Cousine ist die Tochter von meinem Onkel.

E2 Familie Zankov

1 ▶ 21 **a** Sehen Sie das Foto an und hören Sie. Worüber sprechen die beiden? Kreuzen Sie an.

○ über Veras Familie
○ über Mathildas Familie

1 ▶ 22 **b** Sehen Sie das Foto an und hören Sie. Wer ist auf dem Foto? Kreuzen Sie an.

Veras ...

Schwiegereltern · Eltern · Schwager · Schwägerin · Mann · Vater · Mutter · Nichte · Neffe · Großeltern · Tochter · Sohn

Veras Mann = der Mann von Vera

18 achtzehn

1 ▶ 22 c Hören Sie noch einmal und ergänzen Sie.

Onkel   Mann   ~~Schwiegervater~~   Tochter   Neffe und Nichte   Bruder   Schwager

1 In der Mitte steht Boris, Veras _Schwiegervater_.
2 Neben Vera steht Wanja. Er ist Veras _____.
3 Emila ist Veras _____.
4 Konstantin und Ioanna stehen vorne. Sie sind Veras _____.
5 Hinten rechts steht Kosta. Er ist Veras _____.
6 Er ist also Wanjas _____.
7 Und er ist Emilas _____. Emila liebt ihn.

E3 Familienrätsel

Schreiben Sie zu zweit drei Rätselsätze. Tauschen Sie mit einem anderen Paar und schreiben Sie die Lösung.

> Der Mann von meiner Schwester ist mein _Schwager._
> Der Vater von meinem Bruder ist mein _____
> Die Tochter von meiner Tante ist meine _____

E4 Eine Person beschreiben

Über wen möchten Sie sprechen? Erzählen Sie über eine Freundin / einen Freund, eine Nachbarin / einen Nachbarn oder ein Familienmitglied.

a Lesen Sie und markieren Sie: Welche Sätze/Ausdrücke brauchen Sie?

> … lebt allein / getrennt / zusammen mit …
> … ist verheiratet / geschieden / Single / ledig …
> … hat Kinder / keine Kinder …
> … ist berufstätig / Rentner/in / arbeitslos …
> … arbeitet als …
> … studiert in …

b Erzählen Sie in der Gruppe.

> Das ist Sebile, meine Schwiegermutter. Sie lebt in der Türkei. Sie ist Rentnerin und lebt zusammen mit ihrer Tochter und ihren Enkelkindern in einem Haus. Sie hilft ihrer Tochter im Haushalt und spielt gern mit den Enkeln. Sie ist sehr glücklich, weil sie nicht allein ist.

Grammatik und Kommunikation

Grammatik

1 Konjunktion: *weil* ÜG 10.09

	Konjunktion	Ende
Tim ist traurig,	weil er allein	ist.
Tim kauft ein,	weil er Hunger	hat.
Tim geht es besser,	weil er nette Nachbarn	hat.
Tim kann nicht schlafen,	weil die Musik laut	ist.

Warum bist du heute glücklich?
Weil die Sonne scheint.

Finden Sie für Klara in fünf Minuten möglichst viele Ausreden mit *weil*.

Klara, ich habe zwei Stunden auf dich gewartet. Warum bist du nicht gekommen?

Weil mein Hund krank war.

2 Perfekt: trennbare Verben ÜG 5.05

Präfix + ge...t/en	
ein✂kaufen	→ hat eingekauft
an✂rufen	→ hat angerufen
auf✂stehen	→ ist aufgestanden

auch so: aus-, ab-, auf-, …

3 Perfekt: nicht-trennbare Verben ÜG 5.05

			Präfix + ...t/en: ohne -ge-!	
erleben	du erlebst	So was	hast du noch nicht	erlebt.
bemerken	ich bemerke	Ich	habe es jetzt erst	bemerkt.
verlieren	ich verliere	Ich	habe es	verloren.

auch so: emp-, ent-, ge-, zer-, …

TIPP

Lernen Sie Wörter immer mit allen Formen und mit Beispielen.

erleben, sie/er erlebt, hat erlebt: So was habe ich noch nie erlebt!

4 Perfekt: Verben auf *-ieren* ÜG 5.05

-iert: ohne -ge-!	
passieren	→ ist passiert

auch so: ver-, be-, ent-, …

5 Namen im Genitiv: *von* + Dativ ÜG 1.03

Veras Mann = der Mann von Vera

20 zwanzig

Kommunikation

Auf Alltagspannen reagieren: So ein Pech!
Zum Glück!
So ein Pech!
Oje!
Oh nein!
Und was hast du dann gemacht?
Und was ist dann passiert?

Eine Person beschreiben: … ist Single.
… lebt allein / getrennt / zusammen mit …
… ist verheiratet / geschieden / Single / ledig …
… hat Kinder / keine Kinder …
… ist berufstätig / Rentner/in / arbeitslos …
… arbeitet als …
… studiert in …

Von Wohn- und Lebensformen erzählen: Ich lebe seit … allein.
… getrennt / zusammen mit … / (mit …) allein leben
seit … geschieden / verheiratet / ledig sein

Etwas bewerten: Er findet seine Wohnung nicht schön.
Sie/Er findet seine Wohnung (nicht) schön.
Die Wohnung gefällt ihr/ihm (nicht).

Was ist passiert? Wählen Sie eine Situation und schreiben Sie wie im Beispiel.

1

2 3

◊ Gestern habe ich mein Handy zu Hause vergessen!
○ So ein Pech! Und was hast du dann gemacht?
◊ Ich …

Sie möchten noch mehr üben?

1 | 23–25 AUDIO-TRAINING   VIDEO-TRAINING

Zwischendurch mal ...

LIED

Na? Singen wir was?

Dieses Lied zum Beispiel. ... Was meinen Sie? Der Text ist nicht so toll? Sie haben recht.
Er passt nicht, weil die Geschichten mit Onkel Willi und Tante Hanne schon lange passiert sind.
Sie müssen den Liedtext umschreiben.

Der Fernseher funktioniert nicht.
Onkel Willi repariert ihn.
Dann macht er ihn wieder an.
Die Nichten und Neffen lachen laut.

Der Fernseher _hat_ nicht _funktioniert_ .
Onkel Willi _____ ihn _____ .
Dann _____ er ihn wieder _____ .
Die Nichten und Neffen _____ laut _____ .

Tante Hanne sitzt im Restaurant
und isst Fisch.
Dann passiert etwas Dummes.
Onkel Willi fotografiert es.

Tante Hanne _____ im Restaurant _____
und _____ einen Fisch _____ .
Dann _____ etwas Dummes _____ .
Onkel Willi _____ es _____ .

Tante Hanne zieht nach Köln um.
Onkel Willi fliegt zu ihr.
Er nimmt das falsche Flugzeug
und kommt in Hamburg an.

Tante Hanne _____ nach Köln _____
Onkel Willi _____ zu ihr _____ .
Er _____ das falsche Flugzeug _____
und _____ in Hamburg _____ .

Wir trainieren das nun dreimal   Wir _____ das nun dreimal _____
und studieren es dabei genau.   und _____ es dabei genau _____ .
Wir fangen langsam an.   Wir _____ langsam _____ . Am Ende
Am Ende geht es schon ganz schnell.   _____ es schon ganz schnell _____ .

1 Lesen Sie den Liedtext und ergänzen Sie in der richtigen Form.

1 ▶ 26 **2** Hören Sie das Lied und vergleichen Sie.

FILM

Das ist meine Familie.

Sehen Sie den Film an und ergänzen Sie Informationen zu den Familienmitgliedern.

Marie
21, Verkäuferin

Max — Bruder,

Paula

Jan

Helga

Magda

Manfred

Richard

Elisabeth

Zu Hause

Folge 2: Was man hat, das hat man.

1 Was ist richtig? Ordnen Sie zu.

A Glühbirnen …   B Energiesparlampen …

- (A) brauchen viel Energie.
- ○ brauchen wenig Energie.
- ○ muss man heute benutzen.
- ○ kann man in der Europäischen Union nicht mehr kaufen.

2 Sehen Sie die Fotos an und lesen Sie die Fragen. Was meinen Sie? Sprechen Sie. Hören Sie dann und vergleichen Sie.

a Wer ist die Frau?
b Was ist ihr Problem?
c Kann Tim helfen?
d Warum hat sie so viele Glühbirnen?

> Die Frau ist Tims Nachbarin.

1 ▶ 27–34 **3** Was ist richtig? Hören Sie noch einmal und verbinden Sie.

a Warum kann Frau Sicinski die Glühbirnen nicht selbst wechseln?
b Warum kann man keine Glühbirnen mehr kaufen?
c Was gibt Frau Sicinski Tim zum Dank und warum?

1 Weil die Lampe an der Decke hängt – zu weit oben für Frau Sicinski.
2 Ohrenstöpsel, weil Betty und Paul so laut Musik hören.
3 Weil Glühbirnen verboten sind.

1 ▶ 34 **4** Wo wohnen Frau Sicinski und Betty und Paul?
Hören Sie noch einmal und ergänzen Sie.

Tim

Tims Film

A Die Lampe **hängt an der Decke**.

A1 Wo ist …? Ordnen Sie zu.

A  B   C D

- Ⓒ Die Lampe hängt an der Decke.
- ○ Der Schlüssel steckt im Schloss.
- ○ Tims Sachen liegen auf dem Tisch.
- ○ Tim steht auf der Leiter.

A2 Was passt? Ergänzen Sie.

Das Bild …

A   B   C   D

steckt im Papierkorb.   _____ auf dem Tisch.   _____ an der Wand.   _____ im Regal.

A3 Wo ist die Katze?

a Ergänzen Sie.

Die Katze …

1  2  3

sitzt in dem Papierkorb .   der _____ .   dem _____ .

4 5  6

dem _____ .   dem _____ .   dem _____ .

2

7

8

9

dem ....   dem ....   den ....

b Ergänzen Sie.

WIEDERHOLUNG

Wo? 🎯				
Die Katze	sitzt liegt steht	auf unter an zwischen ...	*dem*	• Teppich. • Bett. • Wand. • Lampen.

A4 Was ist wo?

Sehen Sie das Bild an und schreiben Sie mit Ihrer Partnerin / Ihrem Partner zehn Sätze.

Die Katze liegt auf dem Sessel. Das Obst steht ...

A5 Unser Kursraum

Machen Sie Notizen und sprechen Sie in Gruppen. Welche Gruppe hat in fünf Minuten die meisten Gegenstände gefunden?

Hefte → Tische
Landkarte → Tafel
Taschen → Boden

Die Hefte liegen auf den Tischen.

Die Landkarte steht neben der Tafel.

Die Taschen stehen auf dem Boden.

B Kann ich das **auf den Tisch legen**?

B1 Was passt? Ordnen Sie zu.

A  B  C  D

- (B) Die Sachen liegen auf dem Tisch.
- ◯ Die Leiter steht an der Wand.
- ◯ Tim legt die Sachen auf den Tisch.
- ◯ Tim stellt die Leiter an die Wand.

Wo? ◉	Wohin? → ◉
Die Sachen **liegen** auf **dem** Tisch.	Tim **legt** die Sachen auf **den** Tisch.
Die Leiter **steht** an **der** Wand.	Tim **stellt** die Leiter an **die** Wand.

B2 Wo? Wohin?

a Was ist richtig? Kreuzen Sie an.

A

- ◯ Tim legt das Buch **auf den Tisch**.
- ◯ Das Buch liegt **auf dem Tisch**.

B

- ◯ Tim legt die Kleider auf das Bett.
- ◯ Die Kleider liegen auf dem Bett.

C

- ◯ Tim stellt den Stuhl an die Wand.
- ◯ Der Stuhl steht an der Wand.

D

- ◯ Tim stellt die Pflanze vor die Schränke.
- ◯ Die Pflanze steht vor den Schränken.

b Markieren Sie in a und ergänzen Sie.

Wo? ◉	Wohin? → ◉
Das Buch liegt _auf dem_ • Tisch.	Tim legt das Buch _auf den_ • Tisch.
Die Kleider liegen _____ • Bett.	Tim legt die Kleider _____ • Bett.
Der Stuhl steht _____ • Wand.	Tim stellt den Stuhl _____ • Wand.
Die Pflanze steht _____ • Schränken.	Tim stellt die Pflanze _____ • Schränke.

2

1 ▶ 35–36 **B3 Hören Sie und variieren Sie.**

a
- ◆ Wo ist denn nur mein Deutschbuch?
- ○ Legst du es nicht immer ins Regal?
- ◆ Doch, aber im Regal liegt es nicht.

Varianten:

auf – • der Schreibtisch   in – • die Schublade   in – • der Schrank

b
- ◆ Und meine Fußballschuhe?
- ○ Stellst du die nicht immer unter das Sofa?
- ◆ Doch, aber unter dem Sofa stehen sie nicht.

Varianten:

unter – • das Bett   neben – • die Hausschuhe   in – • das Schuhregal

B4 Kettenübung: Wohin legen Sie Ihren Schlüssel? Sprechen Sie.

> Du legst deinen Schlüssel unter deinen Stuhl. Ich lege meinen Schlüssel ...

> Ich lege meinen Schlüssel unter meinen Stuhl.

B5 Ein „Kunstwerk bauen"

a „Bauen" Sie zu viert ein Kunstwerk. Jeder sagt einen Satz und „baut" am Kunstwerk.

- ◆ Ich lege das Handy neben die Flasche.
- ○ Und ich lege einen Stift auf das Handy.
- ◻ Ich hänge meinen Schlüssel an die Flasche.
- ▲ Und neben das Handy und den Stift lege ich das Buch.
- ◆ Und auf das Buch ...

b Zeigen Sie Ihr „Kunstwerk" einer anderen Gruppe. Die andere Gruppe beschreibt das „Kunstwerk".

- ◆ An der Flasche hängt ein Schlüssel.
- ○ Genau, und auf dem Handy liegt ein Stift.
- ▲ Das Buch liegt neben ...

neunundzwanzig 29 KB

C Kommen Sie doch **rein**.

C1 Was sagt Frau Sicinski?
a Ordnen Sie zu.

a ◯ Ich kann nicht mehr auf die Leiter steigen. Steigen Sie doch rauf!
b ① Kommen Sie doch rein!
c ◯ Das kommt da rein – in den Müll!
d ◯ Vorsicht, Tim! Fallen Sie nicht runter!

> rein ✂ kommen
> **Kommen** Sie doch **rein**!

auch so: rein-/raus-/rauf-/runter-/rüber-

b Was passt? Ordnen Sie zu.

rein   raus   runter   ~~rüber~~   rauf

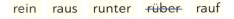

                                                                                                               rüber

C2 Was passt?
a Ordnen Sie zu.

~~reinkommen~~   den Stift rübergeben   rauskommen   den Müll rausbringen

reinkommen

b Schreiben Sie Gespräche zu den Situationen in a. Spielen Sie dann.

◇ Störe ich?
○ Nein, gar nicht. Kommen Sie doch rein, Frau Meier.

D Mitteilungen im Haus

D1 Sehen Sie die Mitteilungen an.

a Gibt es solche Mitteilungen auch in Ihrem Haus / in Ihrer Unterkunft? Sprechen Sie.

> Ja, wir haben auch ein Brett mit Mitteilungen.

> Nein, bei uns gibt es das nicht.

Sehr geehrte Hausbewohner,

bitte trennen Sie den Müll sorgfältig. Leider liegt im Biomüll immer wieder anderer Abfall, zum Beispiel Plastik. Bitte beachten Sie: Die Müllabfuhr leert falsch befüllte Mülltonnen nicht. Vielen Dank für Ihre Mithilfe.

A. Besic – Hausmeister

1

Liebe Nachbarn,

am Samstag feiern wir unseren Einzug mit einem kleinen Fest. Es kann ein bisschen laut werden. Wir hoffen auf Ihr Verständnis. Oder kommen Sie doch rauf und feiern Sie mit!

Herzliche Grüße
Sandy und Nico Hiller

3

An alle Bewohner der Unterkunft Friesenstraße 28!

Immer wieder stehen Fahrräder vor der Unterkunft oder am Eingangstor. Bitte stellen Sie Ihre Fahrräder im Hof in den Fahrradständern oder im Keller ab.

Mit freundlichen Grüßen
Thomas Behringer – Verwaltung

2

Heizungsablesung für Friesenstraße 28

Sehr geehrte Damen und Herren, die Firma Heizo Wärmemessung liest demnächst die Heizungen ab: am 10.10., ca. 7.30 Uhr bis 9.00 Uhr. Bitte entfernen Sie Möbel und Gegenstände vor den Heizungen. Geben Sie bei Abwesenheit den Wohnungsschlüssel Ihren Nachbarn.

4

---

b In welcher Mitteilung geht es um …? Lesen Sie und ordnen Sie zu.

◯ Mülltrennung   3 ein Fest   ◯ Abstellen von Fahrrädern   ◯ die Heizung

c Lesen Sie die Mitteilungen in a noch einmal. Was ist richtig? Kreuzen Sie an.

1 ◯ Die Mieter sollen den Müll besser trennen.
2 ◯ Fahrräder darf man nur in den Fahrradständern abstellen.
3 ◯ Alle Hausbewohner dürfen zu Sandy und Nico Hiller kommen.
4 ◯ Die Mieter müssen für die Heizungsablesung selbst zu Hause sein.

D2 Im Kurs: Welche Regeln gibt es in Ihrem Haus?
Was ist erlaubt? Was ist verboten? Erzählen Sie.

A

B

C

> Kinderwagen und Fahrräder darf man nicht vor den Aufzug stellen, man muss sie unter die Treppe stellen.

E Zusammen leben

E1 Gespräche im Haus
a Sehen Sie die Fotos an. Welches Foto passt zu welcher Situation?
Ordnen Sie zu.

○ Die Nachbarin hat ihren Schlüssel vergessen.
○ Am Brett steht die Telefonnummer vom Hausmeister.
○ Der Briefkasten ist kaputt.

1 ▶ 37–39 **b** Hören Sie und vergleichen Sie.

1 ▶ 37–39 **c** Hören Sie noch einmal. Was ist richtig? Kreuzen Sie an.

Gespräch 1
a ○ Herrn Bassos Heizung ist kaputt.
b ○ Er soll den Hausmeister anrufen.
c ○ Die Mieter müssen die Treppe selbst putzen.

Gespräch 2
a ○ Herrn Dolezals Briefkasten ist kaputt.
b ○ Er kauft kein neues Schloss.
c ○ Der Hausmeister repariert den Briefkasten sofort.

Gespräch 3
a ○ Frau Bauer hat den Schlüssel vergessen.
b ○ Die Nachbarin hat aber auch einen Schlüssel.
c ○ Frau Bauer und Frau Weiß wollen zusammen Kaffee trinken.

E2 Welche anderen Probleme im Haus kennen Sie?
Notieren Sie und machen Sie dann einen Klassenspaziergang.

- Treppenhaus ist schmutzig
- Hund von Frau Obers bellt viel und laut

- Waschmaschine oft kaputt
- Hausflur riecht nicht gut

◆ Unser Treppenhaus ist oft schmutzig. Wie ist das bei dir?
○ Bei uns ist es sauber. Aber bei uns ist die Waschmaschine oft kaputt.
◆ Das ist ja blöd.
○ Und in unserem Hausflur riecht es oft nicht gut.
◆ Das ist nicht schön! – Ich habe auch noch ein Problem. Meine Nachbarin Frau Obers hat einen Hund. Der bellt sehr viel und laut.
○ Oh je!

32 zweiunddreißig

E3 Rollenspiel: Gespräche mit Nachbarn

a Wählen Sie mit Ihrer Partnerin / Ihrem Partner eine Situation aus.

Situation 1

Partner/in A

Ihre Nachbarin / Ihr Nachbar kocht sehr gern und viel. Leider riecht es im Treppenhaus oft nach Essen. Das finden Sie nicht so gut. Sprechen Sie mit ihr/ihm.

Partner/in B

Ihre Nachbarin / Ihr Nachbar findet, dass es im Treppenhaus nach Essen riecht. Sie schlagen vor, dass Sie das Fenster oft aufmachen.

Situation 2

Partner/in A

Ihre Nachbarin / Ihr Nachbar stellt immer den Kinderwagen im Erdgeschoss neben die Treppe. Das stört Sie. Ihre Nachbarin / Ihr Nachbar soll den Kinderwagen vor die Wohnungstür stellen.

Partner/in B

Ihre Nachbarin / Ihr Nachbar hat ein Problem. Sie sollen den Kinderwagen vor Ihre Wohnungstür stellen. Das finden Sie nicht so gut, weil Sie im dritten Stock wohnen und den Kinderwagen nicht immer rauftragen können.

b Lesen Sie die Sätze. Markieren Sie: Welche Sätze passen zu Ihrer Situation? Schreiben und spielen Sie das Gespräch.

Partner/in A

- Entschuldigung, darf ich Sie etwas fragen?
- Ich habe ein Problem.
- Ich habe eine Bitte.

Partner/in B

- Ja, gern. Was ist denn los?
- Um was geht es denn?

Partner/in A

- Im Treppenhaus ...
- Ihr Kinderwagen ...

Partner/in B

- Oh, Entschuldigung. Das war keine Absicht.
- Oh, tut mir leid. Das habe ich nicht gewusst.

Partner/in A

- Seien Sie bitte so nett und ...

Partner/in B

- Kein Problem. Das mache ich gern.
- Tut mir leid. Das geht nicht, weil ...
- Leider kann ich ... nicht, weil ...

Partner/in A

- Danke für Ihr Verständnis.
- Ja, gut. Da kann man nichts machen.

Partner/in B

- Dann, bis bald.
- Auf Wiedersehen, Frau ... / Herr ...
- Tschüs.

Partner/in A

- Auf Wiedersehen, Frau ... / Herr ...
- Tschüs.

dreiunddreißig 33

Grammatik und Kommunikation

Grammatik

1 Wechselpräpositionen ÜG 6.02

	„Wo?" + Dativ	„Wohin?" + Akkusativ
auf vor	• dem Tisch • dem Bett • der Wand • den Schränken	• den Tisch • das Bett • die Wand • die Schränke

auch so: an, hinter, in, über, unter, vor, zwischen

Was ist wo an Ihrem Lernplatz? Schreiben Sie.

Auf meinem Tisch liegt mein Deutschbuch. Neben dem Deutschbuch …

2 Verben mit Wechselpräpositionen ÜG 6.02

„Wo?" + Dativ	„Wohin?" + Akkusativ
liegen	legen
stehen	stellen

„Wo?" + Dativ	„Wohin?" + Akkusativ
Die Sachen liegen auf dem Tisch.	Tim legt die Sachen auf den Tisch.
Die Leiter steht an der Wand.	Tim stellt die Leiter an die Wand.

Sie haben eingekauft. Wohin kommen Ihre Einkäufe? Schreiben Sie.

Ich stelle die Milch in den …

3 Direktionaladverbien ÜG 7.02

rein ✂ kommen
Kommen Sie doch rein!

auch so: rein-/raus-/rauf-/runter-/rüber-

Was sagt die Frau? Schreiben Sie.

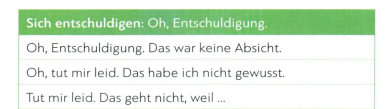

Kommunikation

um etwas bitten: Entschuldigung, darf ich Sie etwas fragen?
Entschuldigung, darf ich Sie etwas fragen?
Ich habe eine Bitte / ein Problem.
Seien Sie bitte so nett und …

Sich entschuldigen: Oh, Entschuldigung.
Oh, Entschuldigung. Das war keine Absicht.
Oh, tut mir leid. Das habe ich nicht gewusst.
Tut mir leid. Das geht nicht, weil …

Oh, Entschuldigung. Das war keine Absicht.

2

Auf eine Bitte reagieren: Ja gern.
Ja, gern.
Was ist (denn) los?
Um was geht es denn?
Kein Problem. Das mache ich gern.
Tut mir leid. Das geht nicht, weil …
Leider kann ich … nicht, weil …

Dank: Vielen Dank für Ihr Verständnis.
Danke für Ihr Verständnis.
Ja, gut. Da kann man nichts machen.
Vielen Dank für Ihre Mithilfe.
Wir hoffen auf Ihr Verständnis.

Grußformeln: Liebe …
Liebe Nachbarn …
Sehr geehrte Hausbewohner …
An alle Bewohner …
Herzliche Grüße
Mit freundlichen Grüßen

Mängel nennen: Die Treppe ist schmutzig.
… ist oft schmutzig.
… riecht es oft nicht gut.
… ist oft kaputt.

Auf jemanden/etwas reagieren: Kommen Sie doch rein.
Kommen Sie doch rein.
Wie ist das bei dir?
Das ist ja blöd.
Das ist nicht schön!

Schreiben Sie eine Mitteilung an Ihre Nachbarn.

Liebe Nachbarn,
am Montag, den 8.3., mache ich eine Party. Möchten Sie …

Sie möchten noch mehr üben?

1 | 40–42 AUDIO-TRAINING VIDEO-TRAINING

fünfunddreißig **35** KB

Zwischendurch mal …

SPIEL

Arbeiten Sie in Gruppen. Erstellen Sie „Bilder". Die anderen beschreiben.

> Katharina steht auf dem Stuhl. Luis liegt unter dem Tisch.

HÖREN

Gestern im Treppenhaus

1 ▶ 43–45 **1 Im Treppenhaus**
  a Hören Sie drei Gespräche und ordnen Sie zu.

1 Frau Müller — Herr Bogdanović

2 Herr Winter — Frau Knesebeck

3 Herr Bogdanović — Frau Knesebeck

Gespräch	Bild
A	
B	
C	

  b Hören Sie noch einmal und verbinden Sie.

  1 Frau Knesebeck   a ist der Hausmeister.
  2 Herr Bogdanović   b holt den Hausmeister.
  3 Frau Müller   c ist gegen Kinderwagen im Flur.
  4 Herr Winter   d will mit der Hausverwaltung sprechen.
                             e kann den Kinderwagen nicht allein hochtragen.
                             f hilft Frau Müller und trägt den Kinderwagen hoch.

  2 **Geben Sie Sympathie-Noten von 1 (sehr sympathisch) bis 6 (sehr unsympathisch) und sprechen Sie im Kurs.**

  Frau Knesebeck: _5_
  Herr Bogdanović: ____
  Frau Müller: ____
  Herr Winter: ____

> Frau Knesebeck habe ich eine 5 gegeben. Ich finde, sie ist nicht sehr nett …

COMIC

Der kleine Mann: Wo ist hier das Bad?

Lesen Sie den Comic und zeichnen Sie im Bild den Weg: So geht der kleine Mann.
Vergleichen Sie dann mit Ihrer Partnerin / Ihrem Partner.

Essen und Trinken

Folge 3: Eine Hand wäscht die andere.

1 Sehen Sie die Fotos an.

a Was meinen Sie? Was ist richtig? Umkreisen Sie.

1 Tim lernt die Nachbarsfamilie kennen.   kennt die Nachbarsfamilie schon.
2 Tim lädt seine Nachbarn   Tims Nachbarn laden ihn   zum Essen ein.

1 ▶ 46 b Hören Sie und vergleichen Sie.

1 ▶ 46 **2 Wer wohnt wo?**
Hören Sie noch einmal und ordnen Sie zu.

Familie Kaiopoulos   ~~Tim~~   Betty und Paul   Frau Sicinski

Tim

KB 38 achtunddreißig

3

1 ▶ 46–53 **3 Was gibt es zu essen? Sehen Sie die Fotos an.**
Hören Sie dann und verbinden Sie.

a Zuerst   1 gibt es Joghurt mit Honig und Nüssen.
b Als Nachspeise   2 trinken Dimi, Eva und Tim noch einen Espresso.
c Zum Schluss   3 gibt es Moussaka, einen griechischen Auflauf,
                          mit und ohne Fleisch.

1 ▶ 46–53 **4 Hören Sie noch einmal und ergänzen Sie.**

a Wer hat das Abendessen gekocht?
b Wer isst kein Fleisch?
c Wer darf keine Nachspeise essen?
d Wer hat Probleme in der Schule?   Niki
e Was möchte Tim lernen?
f Was soll Niki von Tim lernen?

Tims Film

neununddreißig **39** KB

A Ich esse **nie** Fleisch.

A1 Wie oft …?

a Ordnen Sie zu.

meistens ~~manchmal~~ oft nie ~~immer~~ selten

100 %					0 %
immer			manchmal		
1 Eva	○	○	○	○	○	○
2 Dimi	○	○	○	○	○	○
3 Niki	○	○	○	○	○	○
4 Tim	○	○	○	○	○	○

1 ▶ 54–57 **b** Wie oft essen Eva, Dimi, Niki und Tim Fleisch? Hören Sie und kreuzen Sie in a an.

c Und Sie? Wie oft essen Sie Fleisch? Sprechen Sie.

> Ich esse manchmal Fleisch. Ich esse am liebsten Hühnerfleisch. Rindfleisch und Schweinefleisch esse ich fast nie! Höchstens dreimal im Jahr!

> Ich esse fast immer vegetarisch. Nur sehr selten esse ich mal ein bisschen Fleisch.

fast immer (95–99 %) = meistens
fast nie (1–5 %) = selten

einmal	
zweimal	pro Tag/Woche/Monat/Jahr
dreimal	

A2 Partnerinterview: Wie oft machen Sie das?

Ergänzen Sie und fragen Sie dann Ihre Partnerin / Ihren Partner.

Wie oft …?	Ich	Meine Partnerin / Mein Partner
selbst kochen		dreimal pro Woche
Süßigkeiten essen		
frühstücken		
Alkohol trinken		
Freunde zum Essen einladen		
Essen im Internet bestellen		
mit Freunden grillen		
in der Kantine oder im Restaurant essen		
zu einem Imbiss gehen		

◆ Wie oft kochst du selbst?
○ Vielleicht dreimal pro Woche. Und du?

3

A3 Was essen und trinken Jan, Sören und Arzu? Wie oft und wann?
Machen Sie eine Tabelle und notieren Sie.

Internetforum

VALERIA: Man sagt: Die Deutschen essen gern Fleisch und Kartoffeln. Und sie trinken oft Bier. Aber das stimmt doch nicht, oder? Schreibt mir: Was esst und trinkt ihr so?

JAN: Ich bin viel unterwegs und habe oft keine Zeit für eine richtige Mahlzeit. Dann hole ich mir mittags oft nur schnell einen Snack. Und ich liebe Kaffee. Morgens, mittags, abends – Kaffee kann ich immer trinken. Acht Tassen pro Tag sind es bestimmt.

SÖREN: Ich finde gesundes Essen wichtig. Zum Frühstück gibt es meistens Obst oder Joghurt. Zum Mittagessen gehe ich in die Kantine. Ich nehme fast immer das vegetarische Gericht, heute zum Beispiel Bohnen-Reis-Eintopf. Am Abend esse ich oft einen Salat oder eine Suppe, manchmal Fisch mit Kartoffeln.

ARZU: Ich lebe seit 30 Jahren in Deutschland und habe viele Gewohnheiten übernommen. Zum Frühstück esse ich fast immer ein Marmeladenbrot. Deutsche Fleischgerichte esse ich auch manchmal, aber kein Schweinefleisch. Das verbietet meine Religion.

	Was?	Wie oft?	Wann?
Jan	Snack Kaffee ...	oft ...	mittags

`zum` Frühstück/Mittagessen/Abendessen

A4 Schreiben Sie eine Antwort an Valeria und sprechen Sie dann mit Ihrer Partnerin / Ihrem Partner über den Text.

Schreiben Sie:
– Was essen und trinken Sie immer oder oft zum Frühstück, zum Mittagessen und zum Abendessen?
– Was essen Sie nur manchmal oder selten? Was essen Sie nie?

> Zum Frühstück esse ich immer ein Brot mit Schinken. Und meistens trinke ich Kaffee, manchmal auch Tee mit Zitrone. Meine Frau isst immer ein Müsli, das mag ich gar nicht. ...

> Ich esse zum Frühstück immer ... Und du?

B Du möchtest doch auch **einen**, oder?

B1 Was ist was? Ordnen Sie zu.

• ~~die Pfanne~~   • das Messer   • der Teller   • die Schüssel   • die Gabel
• das Glas   • der Topf   • die Tasse   • ~~die Kanne~~   • der Löffel

1 ....
2 ....
3 ....
4 ....
5 ....
6 ....
7 ....
8 • die Kanne
9 • die Pfanne
10 ....

1 ▶ 58–61   ### B2 Ordnen Sie zu. Hören Sie dann und vergleichen Sie.

eine   ~~keine~~   einen   welche   eins

A
◆ Du, Dimi, wo sind denn die Löffel? Ich finde _keine_ .
○ Moment … In der Spülmaschine sind ....

B
▲ Oh, mein Messer ist runtergefallen. Tut mir leid.
○ Kein Problem. Ich hole gleich noch ....

C
○ Ich mache uns noch schnell einen Espresso. Du möchtest doch auch .... , oder?
▲ Ja, Dimi. Sehr gern.

D

○ Wer möchte noch eine Portion?
▲ Ich nehme gern noch ....
○ Gut. Gibst du mir deinen Teller, Tim?

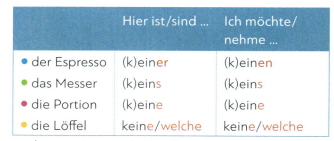

	Hier ist/sind …	Ich möchte/ nehme …
• der Espresso	(k)ein**er**	(k)ein**en**
• das Messer	(k)ein**s**	(k)ein**s**
• die Portion	(k)ein**e**	(k)ein**e**
• die Löffel	kein**e**/welch**e**	kein**e**/welch**e**

auch so: meiner, meins, meine, meine …

B3 Arbeiten Sie zu zweit. Fragen Sie und antworten Sie.

◆ Ich brauche eine Gabel. Bringst du mir bitte eine?
○ Aber da ist doch eine.

C Guten Appetit!

C1 Wer sagt das? Die Gastgeber oder der Gast? Ordnen Sie zu.

Bei der Ankunft

~~Komm rein!~~   Hier, die Blumen sind für dich!
Soll ich die Schuhe ausziehen?   Herzlich willkommen!

Gastgeber	Gast
Komm rein!	

Beim Essen

~~Guten Appetit!~~   Was möchtest du trinken?   Möchtest du noch?
Ein Wasser, bitte.   Hm, das schmeckt aber lecker!
Hm, das riecht schon so lecker!   Darf ich dir noch etwas geben?
Oh, ich nehme gern noch …   ~~Nein, danke, ich kann nicht mehr.~~

Gastgeber	Gast
Guten Appetit!	Guten Appetit! | Nein, danke, ich kann nicht mehr. |

Beim Abschied

Komm bald wieder!   Vielen Dank für den schönen Abend!
Tschüs, komm gut nach Hause!

Gastgeber	Gast

C2 Rollenspiel: Essen bei Freunden

Arbeiten Sie mit Ihrer Partnerin / Ihrem Partner. Markieren Sie in C1:
Welche Sätze wollen Sie sagen? Schreiben und spielen Sie ein Gespräch wie in C1.

> Hallo, herzlich willkommen. Komm rein. …

D Bei Freunden zu Gast

D1 Einladung zum Essen bei deutschen Freunden
a Was meinen Sie? Was ist richtig? Kreuzen Sie an.

1. ○ Man darf eine halbe Stunde zu spät kommen. Das ist in Deutschland ganz normal.
2. ○ Man bringt ein kleines Geschenk mit, zum Beispiel Blumen, Wein oder Schokolade.
3. ○ Sie essen etwas nicht? Sagen Sie nichts und essen Sie. Das ist höflich.
4. ○ Ihr Gastgeber bietet noch etwas an. Sie sind satt, aber Sie dürfen nicht „Nein" sagen.
5. ○ Nach dem Essen geht man nicht direkt nach Hause. Man bleibt noch.

1 ▶ 62 **b** Hören Sie nun eine Radiosendung und vergleichen Sie.

1 ▶ 62 **c** Hören Sie noch einmal. Richtig oder falsch? Kreuzen Sie an.

	richtig	falsch
1 30 Minuten Verspätung – das ist in Ordnung.	○	○
2 Man muss Schokolade mitbringen.	○	○
3 Sie dürfen etwas nicht essen. Sagen Sie das dem Gastgeber vor der Einladung.	○	○
4 Essen Sie mehr, als Sie können.	○	○
5 Sie sind müde. Gehen Sie nach Hause.	○	○

D2 Sprechen Sie über die Radiosendung.
Sprechen Sie in Gruppen: Was finden Sie interessant?
Was ist neu für Sie? Wie ist das in Ihrem Heimatland?

> Eine halbe Stunde Verspätung ist ein Problem –
> das überrascht mich. Bei uns ist das nicht so schlimm.
> Man kann auch eine Stunde zu spät kommen.

Das überrascht mich.
Das finde ich interessant. / seltsam.

Bei uns ist das	genauso.
	anders.
	nicht so.
	schlimm.
	wichtig.

D3 Für Freunde kochen
Sprechen Sie mit Ihrer Partnerin / Ihrem Partner.

– Können Sie gut kochen?
– Was kochen Sie gern und oft?
– Was ist Ihr Lieblingsrezept?
– Was kochen Sie nicht und warum?

> Ich kann sehr gut/gut/nicht so gut kochen.
> Ich koche gern/oft Fleisch/… .
> Ich koche oft scharf/süß/… .
> Mein Lieblingsrezept ist … .
> Das schmeckt allen Gästen!
> … koche ich nie.
> Bei uns isst man (nicht) gern … .
> Bei uns darf man kein/keine … essen.

süß — scharf — sauer

salzig — fett — bitter

E Auswärts essen 3

E1 Was darf ich Ihnen bringen?
Hören Sie die Gespräche. Was ist richtig? Kreuzen Sie an.

a ○ Die Gäste bestellen beide Salat.
b ○ Ein Gast ist mit dem Essen nicht zufrieden.
c ○ Die Kellnerin bekommt kein Trinkgeld.

E2 Lesen Sie die Gespräche und ordnen Sie die Überschriften zu.

bestellen   bezahlen   ~~reklamieren~~

A _____

◆ Was darf ich Ihnen bringen?
○ Einmal Falafel mit Salat, bitte.
▲ Und für mich nur einen Salat, bitte.
◆ Ja gern. Und zu trinken?
○ Eine Cola, bitte.
▲ Und ich nehme ein Mineralwasser.

B _reklamieren_

○ Entschuldigung, aber der Salat ist nicht frisch.
◆ Oh, tut mir leid, ich bringe gleich einen neuen.
○ Danke, sehr nett.

C _____

○ Die Rechnung, bitte.
◆ Zusammen oder getrennt?
○ Zusammen, bitte.
◆ Einmal Falafel, zweimal Salat, eine Cola, ein Wasser, das macht 15 Euro 20.
○ Hier bitte. Stimmt so.

E3 Spielen Sie drei Gespräche wie in E2 mit Ihrer Partnerin / Ihrem Partner.

bestellen	reklamieren	bezahlen
Gast: Sie möchten ein Schnitzel mit Salat. **Kellner/in:** Was möchte der Gast trinken?	**Gast:** Das Messer ist nicht sauber. **Kellner/in:** Das tut Ihnen leid. Sie bringen ein neues.	**Gast:** Sie möchten bezahlen. Sie geben Trinkgeld. **Kellner/in:** Das kostet 15,30 Euro.

fünfundvierzig 45 KB

Grammatik und Kommunikation

Grammatik

1 Indefinitpronomen ÜG 3.03

	Hier ist/sind …	Ich möchte/nehme …
• der Espresso	(k)ein**er**	(k)ein**en**
• das Messer	(k)ein**s**	(k)ein**s**
• die Portion	(k)ein**e**	(k)ein**e**
• die Löffel	kein**e**/welche	kein**e**/welche

auch so: meiner, meins, meine, meine …

d**er**/ein Espresso	→	ein**er**
d**en**/ein**en** Espresso	→	ein**en**

> Ich mache **einen Espresso**.
> Möchtest du auch **einen** ~~Espresso~~?

Kommunikation

Häufigkeit: Wie oft …?
Wie oft kochst du / kochen Sie selbst?
Immer./Meistens./Oft./Manchmal./Selten./Nie.
Einmal/Zweimal/Dreimal/… pro Tag/Woche/Monat.
Fast immer./Fast nie.
Zum Frühstück/Mittagessen/… gibt es oft/meistens …
Zum Frühstück/mittags esse ich oft/meistens/ …

Antworten Sie.

1 Wie oft machen Sie Sport?
2 Wie oft lesen Sie Ihre E-Mails?
3 Wie oft sehen Sie auf Ihr Handy?
4 Wie oft essen Sie Süßigkeiten?

> 1 Ich mache zweimal pro …

Vergleich mit dem eigenen Land: Das überrascht mich.
Das überrascht mich.
Das finde ich interessant./seltsam.
Bei uns ist das genauso. / anders. / nicht so schlimm. / wichtig.

Über Kochgewohnheiten reden: Ich kann sehr gut kochen.
Ich kann sehr gut/gut/nicht so gut kochen.
Ich koche gern/oft Fleisch.
Ich koche oft scharf/süß/ …
Mein Lieblingsrezept ist … . Das schmeckt allen Gästen!
… koche ich nie.
Bei uns isst man (nicht) gern …
Bei uns darf man kein/keine … essen.

3

Private Einladungen zum Essen: Guten Appetit.	
Bei der Ankunft	
Komm rein!	Soll ich die Schuhe ausziehen?
Herzlich willkommen!	Hier, die Blumen sind für dich./Sie.
Beim Essen	
Guten Appetit.	Guten Appetit.
Was möchtest du trinken?	Ein Wasser, bitte.
	Hm, das riecht schon so lecker! Hm, das schmeckt aber lecker!
Darf ich dir noch etwas geben? Möchtest du noch?	Nein, danke, ich kann nicht mehr. Oh, ich nehme gern noch …
Beim Abschied	
Komm bald wieder!	Vielen Dank für den schönen Abend!
Tschüs, komm gut nach Hause!	

Eine Einladung in Deutschland, was meinen Sie? Kreuzen Sie an.

	😀	😖
zu spät kommen	○	○
etwas mitbringen	○	○
sagen: „Das darf ich nicht essen."	○	○
sagen: „Ich bin satt."	○	○
sofort nach dem Essen nach Hause gehen	○	○

Im Restaurant: Eine Cola, bitte.	
Bestellen	
Was darf ich Ihnen bringen?	Einmal Falafel mit Salat, bitte. Und für mich nur einen Salat, bitte.
Ja gern. Und zu trinken?	Eine Cola, bitte. Und ich nehme ein Mineralwasser.
Reklamieren	
Entschuldigung, aber der Salat ist nicht frisch.	Oh, tut mir leid, ich bringe gleich einen neuen.
Danke, sehr nett.	
Bezahlen	
Die Rechnung, bitte.	Zusammen oder getrennt?
Zusammen/Getrennt bitte.	Einmal …, zweimal …, das macht 15 Euro 20.
Hier bitte. Stimmt so!	

Der Kaffee ist ja kalt!

Ah, danke für die Information. Eiskaffee kostet nämlich einen Euro mehr.

Sie möchten noch mehr üben?

1 | 66–68 AUDIO-TRAINING   VIDEO-TRAINING

siebenundvierzig 47

Zwischendurch mal …

GEDICHT

1 ▶ 69

Was für ein Fest!

GASTGEBERIN

»1«
Möchtest du ein Schnitzel?

Möchtest du noch Pommes?

Darf ich dir vielleicht noch
einen Hamburger geben?

»2«
Und? Schmeckt dir die Suppe?

Wie findest du das Hähnchen?

Möchtest du noch Bohnen?
Dann hol ich welche her.

»3«
Na, wie schmeckt der Eiskaffee?

Wie findest du das Teegebäck?

Und bei dir, mein Lieber,
ist bei dir alles klar?

GAST

Oh ja, das wäre fein.

Da sage ich nicht Nein.

Oh ja, sehr gern. Hach,
ist DAS ein Leben!

Ja, sie ist ein Gedicht!*

Das ist mein Lieblingsgericht.

Sehr lieb, vielen Dank.
Aber ich kann nicht mehr.

Hhmm, er ist sehr lecker.

Es schmeckt wie frisch vom Bäcker.

Du, es hat super geschmeckt.
Es war wunderbar.

*„Das ist ein Gedicht!": Deutsche Redewendung für „Das ist ganz besonders gut."
(Fast immer für Essen und Trinken).
Hier bedeutet der Satz also: „Diese Suppe schmeckt ganz besonders lecker."

1 Hören Sie das Gedicht und lesen Sie mit.

2 Bilden Sie zwei Gruppen im Kurs: Gastgeber und Gäste. Hören Sie das Gedicht noch einmal und sprechen Sie Ihre Rolle mit. Tauschen Sie dann die Rollen.

LESEN

Mustafas Gemüse Kebap

So heißt mein Lieblingsimbiss in Berlin. Bei Mustafa gibt es Gemüsekebap, Dürüm mit oder ohne Fleisch, Pommes, Salat und ... hmmm ... Hähnchendöner mit Gemüse! Ich habe noch nirgendwo einen besseren bekommen! Er schmeckt
5 einfach frisch und lecker. Leider finden das viele andere Leute auch. Deshalb sieht es bei Mustafa ziemlich oft so aus wie auf dem Foto. Wer es eilig hat, sollte lieber woanders essen. Tja, Mustafas Döner sind eben wirklich beliebt. Es kann schon mal eine Stunde dauern. Aber dann hat man endlich einen und ...
10 hmmm! Na, möchten Sie jetzt auch einen? Sie bekommen ihn im Stadtteil Kreuzberg, am Mehringdamm 32, nur ein paar Schritte von der U-Bahn-Station Mehringdamm (U6, U7) entfernt. Mustafas Gemüse Kebap hat jeden Tag ab 10:30 Uhr geöffnet. Ach ja, noch was: Auch Mustafas Internetseite ist super: http://mustafas.de. Sie ist bunt, laut und lustig.

Trixi Ehlers
mein Berlin
Heute:
Mein Lieblingsimbiss

Lesen Sie den Text. Was ist richtig? Kreuzen Sie an.
Korrigieren Sie dann die falschen Sätze.

a ☒ Bei Mustafa kann man sehr gute Döner essen.
b ○ Man bekommt sein Essen immer sehr schnell. *Man muss oft lange warten.*
c ○ Mit der U3 kann man zum Mehringdamm fahren.
d ○ Am Wochenende hat Mustafa geschlossen.
e ○ Mustafas Internetseite ist interessant und gut gemacht.

PROJEKT

Mein Lieblingsimbiss

Sicher essen Sie auch gern mal etwas zwischendurch. Vielleicht nur einen Apfel oder ein Stück Schokolade? Oder gehen Sie zu einer Imbissbude? Ja? Na wunderbar! In diesem Projekt können Sie Ihren Lieblingsimbiss vorstellen. Wie heißt er? Wo ist er? Wann hat er geöffnet? Was gibt es dort zu essen und zu trinken? Und was ist Ihr Lieblingsessen dort?

1 **Lesen Sie den Text. Machen Sie dann Notizen zu Ihrem Lieblingsimbiss.**
Machen Sie auch Fotos von dem Imbiss und Ihrem Lieblingsessen dort.

2 **Arbeiten Sie in Gruppen. Erzählen Sie von Ihrem Lieblingsimbiss und zeigen Sie Ihre Fotos.**

Mein Lieblingsimbiss heißt „Jannipas Asien-Markt".

Ich liebe Jannipas Frühlingsrollen. Die sind so lecker! Aber es gibt auch viele Reis- und Nudelgerichte. Sie schmecken alle sehr gut.

Arbeitswelt

Folge 4: Glück muss der Mensch haben!

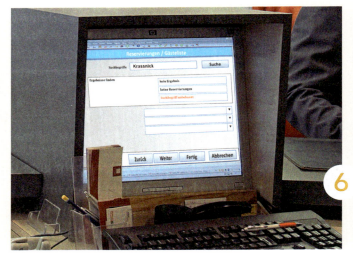

1 Tim bei der Arbeit im Hotel

a Sehen Sie die Fotos 1 bis 8 an. Was meinen Sie? Wer ist wer? Ergänzen Sie die Namen.

Sandra

Frau Dorner

Herr Krassnick

Karla

1 _____ ist eine Kundin und bezahlt die Rechnung.
2 _Sandra_ ist die Kollegin von Tim. Sie arbeitet mit Tim im Hotel.
3 _____ ist die Chefin von Tim und Sandra. Sie muss zu einer Besprechung.
4 _____ ist ein Kunde und braucht ein Hotelzimmer. Er sagt, er hat reserviert.

b Hören Sie und vergleichen Sie.

2 Was ist richtig? Hören Sie noch einmal und umkreisen Sie.

Foto 1	Frau Dorner (reist früher ab.) bleibt bis zum Wochenende.
Foto 2	Karla hat eine Besprechung. Tim und Sandra sollen sie nur im Notfall nicht anrufen.
Foto 3	Herr Krassnick sagt, er hat ein kein Zimmer reserviert.
Foto 4	Sandra schreibt den Namen falsch. ruft Karla an.
Foto 5	Man schreibt den Namen mit zwei s und ck. ß und zwei g.
Foto 6	Es ist kein Zimmer für Herrn Krassnick reserviert. Tim will Karla nicht sofort anrufen.
Foto 7	Tim gibt Herrn Krassnick ein besonders großes Zimmer. ein sehr kleines Zimmer.
Foto 8	Das Zimmer ist aber sehr teuer. doch nicht frei.

Tims Film

A **Wenn** es ein Problem gibt, **dann** ...

A1 Hören Sie. Ordnen Sie dann zu.

| sehe ich nach | ~~dann löst es bitte selbst~~ | Was machen wir | dann machen wir das |

a Wenn es ein Problem gibt, _dann löst es bitte selbst_ .
b Wenn Sie mir Ihren Namen sagen, _____ .
c Wenn Karla das sagt, _____ .
d _____, wenn es einen Notfall gibt?

> **Wenn** es ein Problem *gibt*, (dann) **löst** es bitte selbst.
> Was machen wir, **wenn** es einen Notfall *gibt*?

A2 Der erste Arbeitstag

Was passt? Lesen Sie. Spielen Sie dann Gespräche mit Ihrer Partnerin / Ihrem Partner.

◆ Schalte bitte zuerst den Computer an, wenn du morgens kommst.
○ Ja, in Ordnung.
◆ Wenn du Fragen hast, dann kannst du immer zu mir kommen.
○ Ja, gern.

Wenn ...	(dann) ...
morgens kommen	bitte zuerst den Computer einschalten
Fragen haben	immer zu mir kommen
Hilfe brauchen	mich fragen können
abends nach Hause gehen	bitte den Computer ausschalten und die Fenster schließen

A3 Was machst du, wenn ...?

a Schreiben Sie vier Fragen: Was machst du, wenn ...

bei der Arbeit / im Deutschkurs Hilfe brauchen	frei haben	verschlafen haben
im Deutschkurs etwas nicht verstanden haben	den Chef nicht richtig verstanden haben
keine Arbeit finden	Probleme mit Grammatik haben
krank sein und nicht zur Arbeit / zum Deutschkurs gehen können	...

Was machst du, wenn du bei der Arbeit Hilfe brauchst?
Was machst du, wenn du krank ...

b Kursspaziergang: Fragen und antworten Sie.

◆ Was machst du, wenn du bei der Arbeit Hilfe brauchst?
○ Ich frage meine Kollegin. Und was machst du, wenn du krank bist und nicht zur Arbeit gehen kannst?
◆ Ich rufe ...

B Du **solltest** jetzt Karla holen.

B1 Ergänzen Sie *solltest* oder *sollten*. Hören Sie dann und vergleichen Sie.

A

Du _____ das aber wirklich nur im Notfall machen.

B

Wir _____ Karla anrufen.

Ich	sollte	
Du	solltest	
Er/Sie	sollte	Karla holen.
Wir	sollten	
Ihr	solltet	
Sie/Sie	sollten	

Du solltest Karla holen.

B2 Tipps für die Jobsuche
Lesen Sie die Tipps und geben Sie Ratschläge mit *sollte/solltest* …

Tipps für die Jobsuche
1. Lesen Sie regelmäßig Stellenanzeigen in Zeitungen und im Internet (zum Beispiel unter www.arbeitsagentur.de).
2. Achten Sie auf Zettel und Aushänge in Kaufhäusern und Supermärkten.
3. Fragen Sie Freunde, Bekannte und Nachbarn.
4. Nutzen Sie Plattformen, Foren und Portale im Internet.
5. Machen Sie einen Termin mit dem BIZ (Berufsinformationszentrum), in der Agentur für Arbeit oder mit einem Berufsberater.
6. Rufen Sie bei Zeitarbeitsfirmen an.

Wenn du Arbeit suchst, solltest du regelmäßig Stellenanzeigen im Internet lesen.

Man sollte auf Zettel und …

B3 Unsere Tipps: Erfolg am Arbeitsplatz
a Arbeiten Sie in Gruppen und machen Sie ein Plakat. Sie haben eine Arbeit / einen Praktikumsplatz gefunden. Was sollten Sie tun? Was sollten Sie nicht tun?

pünktlich sein   den Kollegen helfen
Nachrichten auf dem Handy lesen
informieren, wenn man krank ist
fragen, wenn man etwas nicht versteht
freundlich zu den Kollegen sein
sein Handy ausschalten
in der Pause Alkohol trinken
früher nach Hause gehen   …

Unsere Tipps
- Seien Sie immer pünktlich!
- Lesen Sie in der Arbeitszeit keine Nachrichten auf dem Handy.

b Präsentieren Sie Ihr Plakat im Kurs.

Ihr solltet immer pünktlich sein. Und man sollte …

C Stellenanzeigen

C1 Sehen Sie die drei Anzeigen in C2 – C4 an.
Was für Anzeigen sind das? Kreuzen Sie an.

○ Stellengesuche   ○ Stellenangebote

C2 Aleyna sucht eine Stelle als Köchin.
a Lesen Sie die Anzeige. Was ist richtig? Kreuzen Sie an.

>>>>>> **Koch (m/w/d) gesucht!** <<<<<<

Wir suchen eine Köchin / einen Koch mit Berufserfahrung.
Ihr Aufgabengebiet: › Zubereitung von warmen und kalten Speisen
　　　　　　　　　› gutes Gehalt und gute Sozialleistung
　　　　　　　　　› Arbeit im Mittags- und Spätdienst
Das bieten wir: 　› Verpflegung
Wir freuen uns auf Ihre Bewerbung an
Kaiserhof – Restaurant*Hotel · Schwimmerstr. 19 · 23876 Mannhausen

1　○ Das Restaurant „Kaiserhof" sucht eine Köchin oder einen Koch.
2　○ Sie/Er soll schon einmal als Köchin/Koch gearbeitet haben.
3　○ Im Restaurant arbeiten Köche mittags und nachmittags.
4　○ Als Koch im Restaurant kann man dort auch essen.

b Lesen Sie das Porträt. Passt die Stelle zu Aleyna? Warum (nicht)? Sprechen Sie.

Aleyna hat in Syrien als Köchin in einem Restaurant gearbeitet.
Sie kann alles kochen: internationale Speisen und syrische Spezialitäten.
Nun sucht sie in Deutschland eine Stelle. Sie kann nur abends arbeiten,
weil die Kinder tagsüber zu Hause sind.

C3 Mila sucht einen Ausbildungsplatz.
a Lesen Sie die Anzeige und das Porträt. Passt die Anzeige zu Mila? Warum (nicht)? Sprechen Sie.

Ausbildung Friseurin / Friseur

Du magst coole Frisuren? Du hast ein gepflegtes Äußeres?
Du sprichst gern mit Menschen und hast gute Deutsch-
kenntnisse?
Du arbeitest gern im Team?
　　　-> Dann bist Du bei uns richtig!
Wir sind ein **junges kreatives Team** und suchen zwei Azubis.

Schriftliche Bewerbungen bitte an:
Salon Figaro
Ingelbertstr. 17
9875 Neustadt
info@figaro_salon_neustadt.de
T. 09 87 - 98 761

Milas Familie kommt aus Bulgarien, aber Mila ist in Deutschland geboren
und hat hier auch ihren Schulabschluss gemacht. Sie sucht nun eine Aus-
bildungsstelle als Friseurin, weil sie gutes Aussehen wichtig findet und
auch sehr gern unter Menschen ist.

2 ▶ 11 **b** Mila ruft im „Salon Figaro" an und stellt Fragen. Hören Sie das Gespräch.
Zu welchen Themen stellt Mila Fragen? Umkreisen Sie.

Beginn der Ausbildung   Urlaub   Arbeitszeiten   Kollegen   Gehalt   Berufsschule   Studium

2 ▶ 11 **c** Hören Sie noch einmal und notieren Sie die Antworten mit Ihrer Partnerin / Ihrem Partner.

Die Ausbildung beginnt ...

C4 Anil sucht eine Stelle als Maurer.

a Lesen Sie das Porträt und antworten Sie.

1 Wie lange arbeitet Anil schon auf dem Bau?
2 Warum sucht er eine neue Stelle?
3 Warum ist Anil der Verdienst besonders wichtig?
4 Was möchte er machen, wenn er eine Stelle hat?

Anil arbeitet seit vielen Jahren auf dem Bau.

Anil ist seit vielen Jahren Arbeiter auf dem Bau. Er ist mit seiner Stelle nicht zufrieden und möchte kündigen. Er sucht nun eine neue Stelle. Er möchte gut verdienen, weil er seiner Familie in Afghanistan jeden Monat Geld schicken möchte. Anil spricht noch nicht so gut Deutsch. Aber er möchte sein Deutsch unbedingt in einem Abendkurs verbessern, wenn er eine Arbeit gefunden hat.

b Lesen Sie die Anzeige und markieren Sie die Wörter, die Sie nicht verstehen.

Wir suchen zum nächstmöglichen Zeitpunkt einen Maurer (m/w/d)	
Ihre Aufgaben:	*Ihre Perspektiven:*
verschiedene Maurerarbeiten	gute Bezahlung, Zusatzleistungen
Ihr Profil: Berufserfahrung von Vorteil, Fleiß	*Ihre Ansprechpartnerin:*
und Pünktlichkeit	Claudia Schimmelhund

ZDM-Handwerk Personal | Marktstraße 15 | 98634 Aschenhausen
schimmelhund@Personal-ZDM.de | T. 0154-13 245 67

2 ▶ 12 **c** Anil versteht die Stellenanzeige nicht so gut. Er spricht mit seinem Freund Lukas.
Hören Sie das Gespräch. Was bedeutet das? Ordnen Sie zu.

Berufserfahrung   Fleiß   Pünktlichkeit   ~~Zusatzleistungen~~

1 Man hat schon als Maurer gearbeitet. _____
2 Man arbeitet gern und viel. _____
3 Wenn die Arbeit um 8 Uhr beginnt, ist man genau um 8 Uhr da. _____
4 Man bekommt von der Firma noch Extras wie Essensgeld.   *Zusatzleistungen*

C5 Möchten Sie eine Stelle aus C2 – C4? Sprechen Sie mit Ihrer Partnerin / Ihrem Partner.

D Telefongespräche

D1 Telefongespräche
a Lesen Sie und ordnen Sie zu.

Nein, im Moment ist niemand da   seine Durchwahl geben
ihm etwas ausrichten   ~~ist heute leider nicht im Haus~~
Kann ich bitte   es später noch einmal

1
- ◆ Guten Tag. Hier ist Simone Kurz. Können Sie mich bitte mit Herrn Müller verbinden?
- ○ Herr Müller _ist heute leider nicht im Haus_. Soll er Sie morgen zurückrufen?
- ◆ Nein, danke, ich rufe morgen noch einmal an.
  Können Sie mir _____ ?
- ○ Ja, natürlich. Das ist die 234.
- ◆ Vielen Dank! Dann auf Wiederhören.

2
- ▲ Guten Abend. Hier ist Hans Sieber. Könnte ich bitte Herrn Huber sprechen?
- ○ Tut mir leid, der ist gerade nicht am Platz.
  Kann ich _____ ?
- ▲ Nein, danke. Ich rufe später noch einmal an.

3
- ▪ Ist Frau Buchner schon im Haus?
- ○ Tut mir leid, sie ist noch nicht da. Soll sie zurückrufen, wenn sie kommt?
- ▪ Nein, danke. Ich versuche _____ .

4
- ✦ _____ Herrn Hofer
  aus der Personalabteilung sprechen?
- ○ Tut mir leid, der ist gerade nicht am Platz.
- ✦ Ist denn sonst jemand aus der Personalabteilung da?
- ○ _____ .
  Es ist gerade Mittagspause. Können Sie vielleicht später noch einmal anrufen?

> schon ↔ noch nicht
> jemand ↔ niemand
> etwas ↔ nichts

2 ▶ 13 **b** Hören Sie und vergleichen Sie.

D2 Rollenspiel
Markieren Sie in D1: Welche Sätze möchten Sie verwenden?
Schreiben und spielen Sie dann das Gespräch mit
Ihrer Partnerin / Ihrem Partner.

Anrufer/in	Firma
Sie möchten Herrn … oder sonst jemanden aus der Personalabteilung sprechen.	Herr … ist nicht da. Es ist auch sonst niemand da. Sie können etwas ausrichten.

56 sechsundfünfzig

E Arbeit und Freizeit

E1 Arbeitszeit und Freizeit
Was meinen Sie? Was ist richtig? Kreuzen Sie an und sprechen Sie im Kurs.

a Wie viele Urlaubstage haben deutsche Arbeitnehmer durchschnittlich?
   ○ 14 Tage   ○ 21 Tage   ○ 30 Tage

b Wie viele Feiertage gibt es durchschnittlich in Deutschland?
   ○ 5–7 Tage   ○ 9–12 Tage   ○ 14–17 Tage

> Vielleicht/Wahrscheinlich haben die Deutschen durchschnittlich …
> Ich glaube, die Deutschen haben …
> Ich denke, es gibt …
> Ja/Nein, das glaube/denke ich (nicht). Vielleicht …
> Keine Ahnung.

E2 Urlaub und Feiertage
a Lesen Sie und vergleichen Sie mit Ihren Antworten in E1.

Urlaubs- und Feiertage in Deutschland

Viele deutsche Arbeitnehmer haben rund 30 Tage Urlaub pro Jahr, also sechs Wochen. Auch in Frankreich, Finnland und Brasilien haben die Arbeitnehmer so viel Urlaub. In den meisten anderen Ländern gibt es nicht so viele Urlaubstage: in Belgien, Italien und der Schweiz zum Beispiel nur 20 Tage, in Kanada und China sogar nur zehn. Zu den Urlaubstagen kommen in Deutschland noch neun bis 12 Feiertage. Mehr Feiertage gibt es in Spanien (14 Tage) und in Südkorea (15 Tage). Am meisten Feiertage (16) gibt es in Japan und Indien – dort haben die Arbeitnehmer aber nicht so viel Urlaub wie in Deutschland. Wenn man die Urlaubs- und Feiertage zusammenzählt, haben deutsche Arbeitnehmer insgesamt acht Wochen frei.

b Lesen Sie den Text noch einmal und ergänzen Sie die Länder.

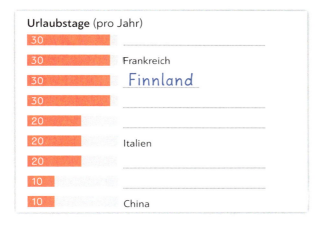

Urlaubstage (pro Jahr)	
30	
30	Frankreich
30	Finnland
30	
20	
20	Italien
20	
10	
10	China

Feiertage (pro Jahr)	
16	
16	Indien
15	
14	Spanien
9–12	

E3 Sprechen Sie mit Ihrer Partnerin / Ihrem Partner.

Was meinen Sie?
– Was ist viel Arbeit?
– Wie viel Urlaub im Jahr braucht man?

> Ich finde, 50 Stunden Arbeit in der Woche sind sehr viel! Findest du das auch?

> Das sehe ich anders.

Grammatik und Kommunikation

Grammatik

1 Konjunktion: wenn ÜG 10.11

a Hauptsatz vor dem Nebensatz

	Konjunktion		Ende
Was machen wir,	**wenn**	es einen Notfall	*gibt*?

Was machen Sie, wenn Sie freihaben? Schreiben Sie drei Sätze mit *wenn*.

b Nebensatz vor dem Hauptsatz

Konjunktion		Ende	⚠	
Wenn es ein Problem	*gibt,*	(dann) **löst** es bitte selbst.

Wenn ich freihabe, gehe ich oft spazieren. Ich mache ..., wenn ...

2 Ratschlag: *sollen* im Konjunktiv II ÜG 5.12

Ich	**sollte**	
Du	**solltest**	
Er/Sie	**sollte**	Karla holen.
Wir	**sollten**	
Ihr	**solltet**	
Sie/Sie	**sollten**	

Geben Sie Ratschläge.

Sie sollten früh ins Bett gehen.

Du **solltest** Karla **holen**.

Kommunikation

Etwas vermuten: Ich denke, es gibt ...
Vielleicht/Wahrscheinlich haben die Deutschen durchschnittlich ...
Ich glaube, die Deutschen haben ...
Ich denke, es gibt ...
Ja/Nein, das glaube/denke ich (nicht). Vielleicht ...
Keine Ahnung.

4

Am Telefon: Durchwahl: Können Sie mich mit Frau/Herrn ... verbinden?

Können Sie mich bitte mit Frau/Herrn ... verbinden?

Könnte ich bitte Frau/Herrn ... sprechen?

Ist Frau/Herr ... schon im Haus?

Kann ich bitte Frau/Herrn ... aus der Personalabteilung sprechen?

Ist denn sonst jemand aus der Personalabteilung da?

Am Telefon sagen, dass jemand nicht da ist: Frau Lev ist nicht da.

Tut mir leid, die/der ist gerade nicht am Platz.

... ist (noch) nicht da.

... ist heute leider nicht im Haus.

Nein, im Moment ist niemand da. Es ist gerade Mittagspause.

Am Telefon zurückrufen: Ich versuche es später noch einmal.

Kann ich ihr/ihm etwas ausrichten?

Soll sie/er zurückrufen, wenn sie/er kommt? / Soll sie/er Sie morgen zurückrufen?

Können Sie vielleicht später noch einmal anrufen?

Ich versuche es später noch einmal.

Ich rufe später/morgen noch einmal an.

Können Sie mir ihre/seine Durchwahl geben?

Ja, natürlich. Das ist die 234.

Schreiben Sie ein Telefongespräch.

Guten Tag, hier ist ...

Ratschläge geben: Du solltest ...

Sie sollten/Du solltest das aber wirklich nur im Notfall machen!

Seine Meinung sagen: Ich finde ...

Ich finde, ...

Findest du das auch?

Das sehe ich anders.

Sie möchten noch mehr üben?

Zwischendurch mal ...

FILM

Die Arbeit macht ihr Spaß.

1 **Gisela Specht ist Illustratorin.**
Was braucht sie für Ihre Arbeit? Was meinen Sie? Kreuzen Sie an.

- ○ die Federn
- ○ die Farben
- ○ die Pinsel
- ○ der Computer mit Scanner und Drucker
- ○ das Telefon
- ○ die Stifte
- ○ die Bonbons
- ○ das Internet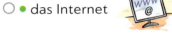
- ○ der Arbeitstisch
- ○ das Sonnenlicht
- ○ die Ruhe
- ○ das Papier
- ○ die Bücher

2 Sehen Sie den Film an und vergleichen Sie.

SPIEL

Beruferaten: Was bin ich von Beruf?

Wählen Sie einen Beruf und schreiben Sie ihn auf ein Kärtchen. Notieren Sie auch drei Informationen zu dem Beruf. Lesen Sie im Kurs die erste Information vor. Die anderen raten. Wenn die anderen Ihren Beruf noch nicht wissen, lesen Sie die zweite Information, usw.

Altenpfleger/in Arzt/Ärztin Bäcker/in Beamter/Beamtin
Blumenhändler/in Busfahrer/in Fotograf/in Friseur/in
Fußballprofi Journalist/in Kaufmann/Kauffrau Kellner/in
Erzieher/in Koch/Köchin Krankenpfleger/in
Lehrer/in Mechaniker/in Polizist/in Sänger/in
Taxifahrer/in ...

Friseur/in
1 Ihr kommt manchmal zu mir.
2 Ich arbeite oft mit einer Schere.
3 Ich mache eure Haare schön.

60 sechzig

PROJEKT

Urlaub und Feiertage in meinem Heimatland

1 Recherchieren Sie im Internet.

– Wie viele Tage Urlaub hat man durchschnittlich in Ihrem Heimatland?
– Wie viele Feiertage gibt es im Jahr?
– An welchen Feiertagen muss man nicht arbeiten?

2 Erzählen Sie im Kurs.

> Bei uns in der Türkei hat man nur 14 Tage Urlaub. Nach fünf Jahren bekommt man rund 20 Tage.

> In Polen gibt es ungefähr 13 Feiertage, glaube ich. Ostersonntag, Ostermontag, den Nationalfeiertag ...

SPIEL

Das WENN-DANN-Spiel

1 Arbeiten Sie zu dritt. Schreiben Sie zweimal sechs Karten, mischen Sie die Karten und machen Sie zwei Stapel.

Die Sonne scheint.
Ich suche eine Arbeit.
Ich gehe früh ins Bett.
Ich besuche meine Freunde.
Ich muss einen Kurs machen.
Ich lese Stellenanzeigen.

Wir gehen spazieren.
Ich habe kein Geld.
Ich bin müde.
Ich habe Urlaub.
Ich spreche nicht gut Englisch.
Ich suche einen Job.

2 Das Spiel

> Wenn die Sonne scheint, gehen wir spazieren

> Wenn ich müde bin, suche ich eine Arbeit.

Jede/r nimmt eine Karte von jedem Stapel und sagt einen Satz mit *wenn*.

Der Satz ist richtig? Sie dürfen die Karten behalten.

Der Satz ist falsch? Legen Sie die Karten wieder in den Stapel.

Die Spielerin / Der Spieler mit den meisten Karten hat gewonnen!

Sport und Fitness

Folge 5: Übung macht den Meister!

1 Sehen Sie die Fotos an.
a Was meinen Sie? Wer sagt das? Kreuzen Sie an.

	Sandra	Tim	Herr Schramm
1 Ich bewege mich zurzeit nicht genug.		X	
2 Ich bin in einem Latin-Dance-Club.			
3 Ich interessiere mich sehr für den Tanzsport.			
4 Wann findet denn das Basketballtraining statt?			
5 Komm, ich zeige dir jetzt mal den Samba-Schritt.			

b Hören Sie und vergleichen Sie.

2 Hören Sie noch einmal und umkreisen Sie.

a Tim fühlt sich nicht so gut, weil er zu wenig schläft.   Sport macht.
b Sandra lädt Tim in ihren Club ein, aber Tim findet:
   Tanzen   Basketball   ist kein Sport.
c Sandra schickt ihm ein Trainingsvideo. Tim probiert den Tanz aus und
   fällt dabei hin.   macht dabei Gymnastik.
d Auf Tanzen hat Tim   große Lust.   keine Lust.
e Er möchte lieber Basketball spielen und ruft bei einem Sportverein an.
   Gleich   heute Abend   Montagabend   geht er zum Probetraining.
f Am nächsten Tag erzählt Tim von seinen Tanzversuchen und
   vom Basketballtraining. Aber er lernt auch den Samba-Schritt von
   Herrn und Frau Schramm.   Sandra.

3 „Übung macht den Meister." Mögen Sie Sport?
Welche Sportart können Sie besonders gut?

> Ich bin leider nicht sportlich.

Tims Film

A Ich **bewege mich** zurzeit nicht genug.

A1 Was ist los, Tim?
Hören Sie und ergänzen Sie.

- ◆ Was ist los, Tim? Du siehst müde aus.
- ○ Ja, ich fühle _____ auch nicht so toll.
- ◆ Vielleicht bewegst du _____ zu wenig?
- ○ Ja, das stimmt schon. Ich bewege _____ zurzeit nicht genug.

ich	bewege	mich
du	bewegst	dich
er/sie	bewegt	sich
wir	bewegen	uns
ihr	bewegt	euch
sie/Sie	bewegen	sich

auch so: sich fühlen, …

A2 Bewegungstipps
a Ordnen Sie die Überschriften zu.

Ernährung   Entspannung   Bewegung

> #### Schluss mit der Müdigkeit: So werden Sie wieder fit!
> **Fühlen Sie sich oft müde? Hier unsere Tipps:**
>
> **1** _____
> Bewegen Sie sich regelmäßig! Gehen Sie zum Beispiel joggen. Aber auch ein kurzer Spaziergang hilft, denn Bewegung und frische Luft sind gut für
> 5 Ihren Körper.
> Tipp: Verabreden Sie sich mit Ihren Freunden oder machen Sie bei einer Laufgruppe mit. Denn gemeinsam machen Sport und Spaziergänge mehr Spaß!
>
> **2** _____
> Sie sind tagsüber müde, weil Sie nachts schlecht schlafen?
> 10 Legen Sie sich in die Badewanne oder duschen Sie heiß.
> Machen Sie tagsüber immer wieder mal eine Pause: Ruhen Sie sich aus und entspannen Sie sich. Dann sind Sie ganz schnell wieder fit.
>
> **3** _____
> Schlechte Ernährung macht müde und ist die Ursache für viele
> 15 Krankheiten. Grundsätzlich gilt: Ernähren Sie sich gesund. Trinken Sie viel Wasser oder Tee und essen Sie viel Gemüse und Obst. Dann fühlen Sie sich sofort besser!

Fühlen Sie **sich** oft müde?
Ruhen Sie **sich aus**.

5

b Lesen Sie noch einmal und verbinden Sie.

1 Wenn Sie oft müde sind,
2 Bewegung und frische Luft
3 Wenn Sie nachts schlecht schlafen können,
4 Sie sind schnell wieder fit,
5 Essen Sie viel Gemüse und Obst, denn

a sind gut für Ihre Gesundheit.
b wenn Sie öfter mal eine Pause machen und sich entspannen.
c nehmen Sie ein warmes Bad.
d sollten Sie sich viel bewegen.
e gute Ernährung ist wichtig für Ihre Gesundheit.

2 ▶ 26 A3 Hören Sie und variieren Sie.

◆ Was ist los? Du siehst müde aus.
○ Ja, ich fühle mich auch nicht so toll.
◆ Vielleicht ärgerst du dich zu viel?

Varianten:

sich nicht gesund ernähren   sich nicht genug entspannen   sich zu wenig ausruhen

A4 Pantomime

a Was passt? Ordnen Sie zu.

2 sich anziehen   sich beeilen   sich beschweren   sich kämmen   sich rasieren
sich konzentrieren   sich schminken   sich umziehen   sich waschen

b Arbeiten Sie in Gruppen. Eine Person spielt, die anderen raten.

◆ Was mache ich?
○ Schminkst du dich?
◆ Ja, das ist richtig.

fünfundsechzig 65 KB

B Ich **interessiere mich** sehr **für** den Tanzsport.

B1 Interessieren Sie sich für …?
a Lesen Sie und ergänzen Sie.

1 Ich interessiere mich sehr für den Tanzsport.
2 Ich interessiere mich für die Basketball-Weltmeisterschaft.
3 Ich interessiere mich für das Theater.
4 Ich interessiere mich sehr für die Sportnachrichten.

Ich	interessiere mich für	_den_	• Tanzsport. • Theater. • Weltmeisterschaft. • Sportnachrichten.

b Und Sie? Interessieren Sie sich für …? Sprechen Sie mit Ihrer Partnerin / Ihrem Partner.

- der Stadtmarathon   • die Sportnachrichten   • die Wettervorhersage
- die Fußball-Weltmeisterschaft   • das Theater   …

B2 Liebe Lara, …
a Lesen Sie die Nachricht und umkreisen Sie: Was findet Tim gut?

das Mitarbeiterzimmer im Hotel   die Nachbarn im Haus   seinen Job im Hotel
die unhöflichen Gäste   den Sportverein   Laras Besuch

> E-Mail senden
>
> Liebe Lara,
> wie geht's? Hier ist alles toll!!! Ich warte leider noch auf ein Mitarbeiterzimmer im Hotel. Aber über meine Nachbarn kann ich mich wirklich nicht beschweren. Die sind alle sehr nett. Mein Job im Hotel ist wirklich toll. Meine Chefin ist auch sehr zufrieden mit mir. Manchmal ärgere ich mich über unhöfliche Gäste, aber meistens macht die Arbeit großen Spaß. Ich habe Dir noch gar nicht von meinem neuen Hobby erzählt: Ich spiele jetzt Basketball im Sportverein. Morgen treffe ich mich mit ein paar Mannschaftskollegen in einer Kneipe. Und Du? Was machst Du so?
> Ich freue mich schon sehr auf Deinen Besuch!
> Tim

b Lesen Sie noch einmal und ergänzen Sie.

1. Tim wartet noch _auf_ ein Mitarbeiterzimmer im Hotel.
2. Er kann sich nicht _____ seine Nachbarn beschweren.
3. Tim ist sehr zufrieden _____ seinem Job.
4. Er ärgert sich manchmal _____ unhöfliche Gäste.
5. Er erzählt Lara _____ seinem Hobby.
6. Er trifft sich _____ seinen Mannschaftskollegen.
7. Er freut sich _____ Laras Besuch.

warten auf sich beschweren über sich ärgern über sich freuen auf	• einen / den Job • ein / das Hobby • eine / die Frau • – / die Gäste mich / dich / …	zufrieden sein mit erzählen von sich treffen mit	• einem / dem Job • einem / dem Hobby • einer / der Frau • – / den Gästen mir / dir / …

B3 Fragen und Antworten

a Welche Frage passt? Ordnen Sie zu.

Wofür interessierst du dich?   Worauf freust du dich?
Worüber ärgerst du dich?   ~~Worauf wartest du?~~

1 ◆ _____   ○ Für die Basketball-Weltmeisterschaft.
2 ◆ _Worauf wartest du?_   ○ Auf ein Mitarbeiterzimmer im Hotel.
3 ◆ _____   ○ Über die unhöflichen Gäste!
4 ◆ _____   ○ Auf Laras Besuch.

| Wofür interessierst du dich? | Für die Weltmeisterschaft. |
| Worauf wartest du? | Auf ein Mitarbeiterzimmer. |

b Schreiben Sie fünf Fragen.

gern denken an   sich interessieren für
Angst haben vor   zufrieden sein mit
sich ärgern über   sich freuen über   träumen von
sich erinnern an   denken an   Lust haben auf

Wovor hast du Angst?
Woran erinnerst du dich oft?

c Kursspaziergang: Fragen Sie die anderen und notieren Sie zu jeder Frage drei Antworten.

◆ Asma, woran denkst du gern?
○ An das Wochenende.

Woran denkst du gern?
Asma: Wochenende / Massoud: Essen / Franco: Fußball
Worüber ärgerst du dich oft?
Hoa: Wetter / Sofia: viel Arbeit / Ahmed: Hausaufgaben

C Darauf habe ich keine Lust.

C1 Ordnen Sie zu.

~~Darauf~~   Worauf   Auf

- ◆ Du interessierst dich nicht so für das Tanzen, oder?
- ○ Ehrlich gesagt: Nein ... _Darauf_ habe ich keine Lust.
- ◆ _____ hast du dann Lust?
- ○ Keine Ahnung. ... _____ Sport.
- ◆ Tanzen ist Sport.

> Ich habe keine Lust **auf** Tanzen.
> Ich habe keine Lust **darauf**.

C2 Sportarten
a Ordnen Sie zu.

◯ Tischtennis   ◯ Yoga   ◯ Volleyball   **6** Fitnesstraining   ◯ Handball   ◯ Tennis

b Welche Sportarten kennen Sie noch? Sammeln Sie.

2 ▶ 27   c Hören Sie und spielen Sie das Gespräch mit den Sportarten aus a und b.

- ◆ Interessierst du dich für Tischtennis?
- ○ Nein, darauf habe ich keine Lust.
- ◆ Worauf hast du dann Lust?
- ○ Keine Ahnung. ... Vielleicht auf Fußball?

C3 Echo-Übung
a Schreiben Sie sechs Sätze.

sich interessieren für   sich freuen auf   Lust haben auf
Angst haben vor   träumen von   sich ärgern über

> Ich interessiere mich nicht für Sport.
> Ich freue mich auf die Ferien.

b Sprechen Sie mit Ihrer Partnerin / Ihrem Partner. Ihre Partnerin / Ihr Partner spricht einen „Echo-Satz".

◆ Ich interessiere mich nicht für Sport.

○ Dafür interessiere ich mich auch nicht.   ○ Dafür interessiere ich mich schon.

KB 68 achtundsechzig

D Anmeldung beim Sportverein

D1 Anruf beim Sportverein
2 ▶ 28–30

Bei welchem Gespräch hören Sie das (Gespräch 1, 2 oder 3)? Hören Sie und ordnen Sie zu.

a Der Anrufer interessiert sich für   **2** Rückengymnastik.   **1** Fußball.   ◯ Tennis.
b Die Trainingszeiten sind   ◯ freitags.   ◯ mittwochs.   ◯ montags oder donnerstags.
c Der Mitgliedsbeitrag beträgt   ◯ 5 Euro   ◯ 23 Euro   ◯ 6 Euro   pro Monat.

D2 Rollenspiel

a Lesen Sie die Broschüre. Welchen Kurs finden Sie interessant? Sprechen Sie.

SPORTVEREIN MÜHLHEIM

Abteilungen

Fußball: je nach Gruppe, Auskunft bei Herrn Pohlmann, Tel. 9 87 65
Basketball: Mo und Do 19:30 – 21:00
Yoga: Di 19:00 – 20:00, Fr 10:00 – 11:00
Samba: Anfänger Mo 18:00 – 19:00, Fortgeschrittene: Mo 19:00 – 20:00
Tennis: Anfänger Mi 18:00 – 19:00, Fortgeschrittene: Do 19:00 – 20:00 (+ zusätzliche Gebühr)

Mitgliedsbeitrag

Erwachsene:	Azubis / Studenten:	Kinder:
11 Euro pro Monat	6 Euro pro Monat	5 Euro pro Monat, erste Stunde: kostenlos

---

b Wählen Sie eine Rolle und spielen Sie ein Telefongespräch mit Ihrer Partnerin / Ihrem Partner.

| Sie möchten Ihren elfjährigen Sohn zum Fußball anmelden. | Sie möchten gern Yoga machen. | Sie möchten gern Samba tanzen. Sie sind Anfänger. |

◆ Sportverein …, guten Tag!

○ Guten Tag! Mein Name ist …
○ Ich interessiere mich für … /
○ Ich möchte mich / meinen Sohn / … gern zu / zum / zur … anmelden.

◆ Ja gern, dann kommen Sie doch einfach mal vorbei.

○ Wann findet das statt?

◆ Immer montags / … von … bis … Uhr.
◆ Es gibt verschiedene Gruppen.
◆ Bitte rufen Sie Frau / Herrn … an. Die Telefonnummer ist …

○ Und wie viel kostet das?
○ Gibt es eine Ermäßigung für Schüler / Auszubildende / Studenten?

◆ Für … kostet das … Euro pro Monat.
◆ Die erste Stunde ist kostenlos.

○ Vielen Dank für die Information.

neunundsechzig **69** KB

Grammatik und Kommunikation

Grammatik

1 Reflexive Verben ÜG 5.24

sich bewegen		
ich	bewege	mich
du	bewegst	dich
er/sie	bewegt	sich
wir	bewegen	uns
ihr	bewegt	euch
sie/Sie	bewegen	sich

Sie zieht sich an.   Sie zieht ihren Bruder an.

Fühlen Sie sich oft müde?
Ruhen Sie sich aus.

auch so: sich verabreden, sich entspannen, sich ärgern, sich beeilen, sich anziehen, sich schminken, sich kämmen, sich waschen, sich umziehen, sich rasieren, sich konzentrieren, sich beschweren, sich interessieren, …

2 Verben mit Präpositionen ÜG 5.23

Akkusativ	Singular			Plural
Ich interessiere mich für	• den Tanzsport	• das Theater	• die Weltmeisterschaft	• die Sportnachrichten

Dativ	Singular			Plural
zufrieden sein mit	• dem Tanzsport	• dem Theater	• der Weltmeisterschaft	• den Sportnachrichten

3 Präpositionaladverbien ÜG 5.23

Verb mit Präpositionen	Präpositionaladverb	Fragewort
sich interessieren für	dafür	Wofür …?
sich freuen auf	darauf	Worauf …?
(sich) erinnern an	daran	Woran …?
sich ärgern über	darüber	Worüber …?
zufrieden sein mit	damit	Womit …?
träumen von	davon	Wovon …?

⚠ da/wo + **r** + a/e/i/o/u

Sich erinnern an: Wo**r**an? Da**r**an

Ich habe keine Lust auf Tanzen.
Ich habe keine Lust darauf.
→ Worauf hast du dann Lust?

70 siebzig

5

Kommunikation

Sich anmelden / Informationen erfragen: Wann findet das statt?
Ich interessiere mich (nicht) für …
Ich möchte mich / meinen Sohn / … gern zu/zum/zur … anmelden.
Wann findet das statt?
Wie viel kostet das?
Gibt es eine Ermäßigung für Schüler/Auszubildende/Studenten?
Vielen Dank für die Information.

Wofür möchten Sie sich anmelden? Sammeln Sie Fragen.

Bieten Sie auch Surfkurse an?

Tipps geben: Bewegen Sie sich …
Bewegen Sie sich regelmäßig!
Gehen Sie zum Beispiel …
Dann sind Sie ganz schnell wieder fit.
Dann fühlen Sie sich sofort besser!

Jemanden nach seinen Interessen fragen: Du interessierst dich …?
Du interessierst dich (nicht so) für …, oder?
Interessieren Sie sich für …? | Interessierst du dich für …?
Woran denkst du gern?
Worüber ärgerst du dich?
Worauf freust du dich?
Worauf hast du dann Lust?

Und Sie? Schreiben Sie.

Ich interessiere mich
   für … und für …
Ich denke gern an …
   und an …
Ich habe oft Lust auf …
   und auf …

Antworten abstufen: Ja, sehr.
Ja, sehr.
Ja, eigentlich schon.
Nein, eigentlich nicht.
Nein, überhaupt nicht.
Ehrlich gesagt: Nein.

Sie möchten noch mehr üben?

2 | 31–33 AUDIO-TRAINING   VIDEO-TRAINING

einundsiebzig 71 KB

Zwischendurch mal ...

LESEN

Frau Özer bleibt am Ball

Frau Özer, Ihr Vater Salih ist Türke und Ihre Mutter Barbara ist Deutsche. Erzählen Sie uns ein bisschen über Ihre Familie?
Mein Vater kommt aus Muş im Osten der Türkei. Er ist 1985 nach Deutschland gekommen, als Erster aus seiner Familie. Ein paar Jahre später ist dann seine ältere Schwester auch hierher gekommen. Papa hat bei Opel in Rüsselsheim gearbeitet. Gewohnt hat er in Mainz-Bischofsheim. Dort hat er meine Mutter kennengelernt. Sie kommt von da und hat Bürokauffrau gelernt.

Ihr Vater spielte früher als Fußballprofi beim türkischen Erstliga-Klub Muşspor, später dann auch für Eintracht Frankfurt und Darmstadt 98. Sie selbst spielen in der deutschen Bundesliga und auch Ihr Bruder Can ist ein leidenschaftlicher Fußballspieler ...
Jetzt haben Sie noch meine Mutter vergessen. Sie interessiert sich auch sehr für Fußball und sie hat für uns vieles erst möglich gemacht. Immer hat sie uns zum Training oder zu den Spielen gefahren. Auch heute noch kümmert sie sich um alles und ist überall mit dabei.

Die Özers sind also eine richtige Fußball-Familie?
Ja, das stimmt. Fußball ist für uns sehr wichtig. Für mich war es zuerst ja nur ein Hobby. Erst später habe ich gesehen, dass ich sogar einen Beruf daraus machen kann.

Und so haben Sie heute zwei Berufe.
Richtig. Nach meinem Realschulabschluss habe ich auch eine Ausbildung als Kauffrau für Bürokommunikation gemacht. Ich musste mich ja darum kümmern, wie ich später mein Geld verdiene.

Das klingt sehr vernünftig. Sie stehen mit beiden Beinen voll im Leben. Kann man das so sagen?
Na ja, ich denke immer positiv. Und ich möchte immer mein Bestes geben. Ich glaube, wenn man wirklich etwas will, dann kann man alles schaffen. Dann kann man auch Träume wahr machen.

Schlägt Ihr Herz mehr für Deutschland oder für die Türkei?
Ich bin in Deutschland aufgewachsen. Hier lebe und arbeite ich und hier fühle ich mich zu Hause. Aber ein großer Teil meiner Familie ist türkisch und dann habe ich auch viele Freunde aus ganz verschiedenen Ländern. Deshalb sage ich nicht „oder". Ich sage lieber „und": Mein Herz schlägt also für Deutschland und für die Türkei.

Deniz Özer
Geboren: 1987 in Flörsheim am Main · Berufe: Profifußballerin, Kauffrau · Verein: TSV Schott Mainz · Staatsangehörigkeit: deutsch und türkisch · Das mag sie gern: lachen, Döner essen, mit Freunden zusammen sein, Schokolade!!!

---

1 Lesen Sie den Text. Was ist richtig? Kreuzen Sie an.

a ☒ Deniz ist in Deutschland geboren.
b ○ Alle in der Familie interessieren sich für Fußball, nur die Mutter nicht.
c ○ Deniz hat keine Ausbildung.
d ○ Deniz fühlt sich in der Türkei und in Deutschland wohl.
e ○ Deniz hat einen deutschen Pass.

2 Was ist Ihre Meinung zum Thema „Fußball"?

> Für mich ist Fußball nicht so wichtig. Ich interessiere mich mehr für ...

> Ich spiele selbst gern Fußball. Mein Verein heißt ...

5

PROJEKT

Sportangebote

Darauf freu' ich mich:

GymnastiXXX

Für Anfänger und Fortgeschrittene:
- Tanzgymnastik
- Rückengymnastik
- Wassergymnastik
- Gymnastik für Senioren
- Gymnastik für Schwangere
- Kurse für Babygymnastik

Worauf haben Sie Lust?

www.gymnastixxx.com

A

Ein paar Kilo weniger?

Davon träumen viele. Aber Träumen hilft nicht. Du brauchst Bewegung in unserer **Trainingsgruppe**. Mach mit und fühl dich sofort besser. Wir treffen uns dienstags und donnerstags von 18:00 bis 19:30 Uhr. Wir gehen schwimmen, wir joggen, wir fahren Rad oder machen Gymnastik. Je nach Jahreszeit und Wetter. Ruf an: **Heike 174 237**

C

Wasserball macht Spaß und hält fit

Bewegung für den ganzen Körper.
Super für die Fitness. Spaß im Team.

In unserer Wasserball-Herren-Amateur-Mannschaft sind noch ein paar Plätze frei. Haben Sie Interesse? Wir treffen uns jeden Samstag um 11 Uhr im Hallenbad an der Knorrstraße. Kommen Sie doch mal vorbei. Wir freuen uns auf Sie. Info unter: 22 98 976

B

WOW!
Darauf freuen sich Mensch und Hund:

Wir organisieren Wochenendwanderungen. Gemeinsam draußen sein. Sich in der Natur bewegen. Nur dort übernachten, wo Hunde willkommen sind. Alles ohne Stress, aber mit viel Spaß. Informieren Sie sich:

www.wow-hundewandern.de

Neu: 14 Tage Bergwanderurlaub für Mensch & Hund in Südtirol

D

1 Lesen Sie die Anzeigen. Was würden Sie gern machen?

2 Suchen Sie im Internet Sportangebote in Ihrer Stadt. Was finden Sie interessant?

> Mich interessiert Wasserball. Das würde ich gern mal versuchen.

HÖREN

2 ▶ 34

Der Hampelmann

1 Hören Sie und bringen Sie die Bilder in die richtige Reihenfolge.

○  ① 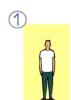 ○   ○

2 Hören Sie noch einmal und machen Sie mit.

dreiundsiebzig 73 KB

Schule und Ausbildung

Folge 6: Von nichts kommt nichts.

1 Schule

a Ordnen Sie zu.

- ○ • das Zeugnis
- Ⓓ • das Fach Erdkunde
- ○ • die gute Note
- ○ • die schlechte Note

A Zwischenzeugnis

Für den Schüler des Lessing-Gymnasiums

Niki Kaiopoulos

Deutsch 3   Musik 2
D Erdkunde .... C.. 5   Sport .... B.. 1

b Verbinden Sie.

1 ein Schuljahr schaffen   a Man spricht vor der Klasse / dem Kurs über ein Thema.
2 das Gymnasium   b Das ist die Abschlussprüfung an einem Gymnasium.
3 ein Referat halten   c Man muss eine Klasse nicht wiederholen.
4 das Abitur   d Wer diese Schule besucht, macht das Abitur.

c Wie heißt das Gegenteil? Ordnen Sie zu.

~~dumm~~   faul   schrecklich

1 fleißig ↔ _____   3 toll ↔ _____
2 intelligent ↔ _dumm_

6

3 ▶ 1–8 **2 Sehen Sie die Fotos an. Was meinen Sie? Sprechen Sie.**
Hören Sie dann und vergleichen Sie.

| Foto 2 | Warum streiten Eva und Niki? | Foto 7 | Was macht Niki? Wo? |
| Foto 6 | Was machen Tim und Niki? | Foto 8 | Was feiern Tim und die Familie? |

3 ▶ 1–8 **3 Was ist richtig? Hören Sie noch einmal und kreuzen Sie an.**

- Foto 1   ☒ Eva ärgert sich, weil Niki wieder eine Fünf in Erdkunde bekommen hat.
- Foto 2   ○ Niki wollte auf das Gymnasium gehen.
- Foto 3   ○ Tim meint, dass Niki zu dumm für das Gymnasium ist.
- Foto 4   ○ Tim denkt, dass Niki leicht eine Vier in Erdkunde schaffen kann.
- Foto 5   ○ Niki holt seine Schulsachen und lernt zusammen mit Tim.
- Foto 6–7   ○ Niki macht ein Referat, weil er seine Erdkundenote verbessern möchte.
- Foto 8   ○ Eva und Dimi freuen sich, weil Niki das Schuljahr schafft.

Tims Film

fünfundsiebzig 75 KB

A Ich **wollte** auf meiner Schule bleiben.

A1 Ich wollte …

a Hören Sie und lesen Sie.

◆ Ich wollte auf meiner Schule bleiben.
○ Was?
◆ Aber ich durfte nicht! Ich musste ja auf das Gymnasium gehen.

b Markieren Sie in a und ergänzen Sie.

ich will →	ich wollte
ich darf →	ich _____
ich muss →	ich _____
ich kann →	ich konnte
ich soll →	ich sollte

A2 Wünsche und Pläne

a Lesen Sie die Informationen über Frau Sicinski und schreiben Sie.

Frau Sicinski

wollen: Friseurin werden
aber sollen: eine Ausbildung als Sekretärin machen
nicht wollen: in einem Büro arbeiten
können: eine Ausbildung als Schneiderin machen

ich	wollte
du	wolltest
er/es/sie	wollte
wir	wollten
ihr	wolltet
sie/Sie	wollten

auch so: konnte, sollte, durfte, musste

Frau Sicinski wollte Friseurin werden.
Aber sie sollte eine Ausbildung als …
Sie …

b Lesen Sie die Informationen über Dimi und sprechen Sie.

Dimi

wollen: Architekt werden
aber nicht dürfen: studieren
müssen: eine Ausbildung im Metallbau machen
können: später Maschinenbau studieren

Dimi wollte Architekt werden.
Aber er …

A3 Als Kind ...

a Schreiben Sie fünf Fragen mit *müssen*, *dürfen*, *sollen* und *wollen*.

früh aufstehen   oft fernsehen   deinen Eltern bei der Arbeit helfen   (allein) zur Schule gehen
lesen   Fahrrad fahren   schwimmen lernen   auf deine Geschwister aufpassen   viel lernen
Deutsch sprechen   viel rechnen   viel mit deinen Freunden spielen   ...

> müssen: Musstest du als Kind früh aufstehen?
> dürfen: Durftest du früher oft fernsehen?

b Machen Sie einen Kursspaziergang: Wer wollte, musste, durfte ...?

> Musstest du als Kind früh aufstehen?

> Ja, sehr früh. Wir sind immer um 6 Uhr aufgestanden, weil meine Brüder und ich schon um halb acht in der Schule sein mussten.

A4 Was wolltest du früher werden?

a Notieren Sie Ihre Antworten.

1 Was wollten Sie als Kind / mit ... Jahren werden?
2 Was wollten Sie als Jugendliche/Jugendlicher werden?
3 Was wollen Sie jetzt machen?

> 1 Ärztin
> 2 Krankenpflegerin

| als Kind / Jugendliche / Jugendlicher |
| mit 11 (Jahren) |

b Schreiben Sie einen Text.

> Mit neun wollte ich Ärztin werden.
> Als Jugendliche wollte ich dann Krankenpflegerin werden.
> Jetzt will ich als ...

c Sammeln Sie die Texte ein und verteilen Sie sie neu. Lesen Sie vor.
Die anderen raten: Wer hat das geschrieben?

◆ Hast du das geschrieben, Melek? Du wolltest doch Ärztin werden.
○ Ja, das stimmt. Aber ich habe den Text nicht geschrieben.
▲ Ich glaube, der Text ist von ...

B Es ist wichtig, **dass** ...

B1 Wer sagt was? Ordnen Sie zu.

A   B

1 Ⓐ Es ist wichtig, dass man einen guten Schulabschluss hat.
2 Ⓑ Es tut mir leid, dass ich das vorhin gesagt habe.
3 ◯ Mir tut es ja auch leid, dass ich immer gleich laut werde.
4 ◯ Es ist so schön, dass du das Schuljahr jetzt doch schaffst.
5 ◯ Ich glaube, dass Erdkunde ab sofort mein Lieblingsfach ist.

> Es ist wichtig, dass man einen guten Schulabschluss hat.

auch so: Es tut mir leid, dass ... / Es ist schön, dass ... /
Ich glaube, dass ...

B2 Lesen Sie und schreiben Sie Sätze.

Ich kann bald als Koch arbeiten.

Ich habe die Prüfung geschafft!

Die Schule ist anstrengend.

Man braucht eine gute Ausbildung.

A Javier   B Selda   C Yassin   D Alina

a Javier glaubt, _dass er_ _____
b Selda ist sicher, _____
c Yassin sagt, _____
d Alina findet, _____

B3 Schulstress

3 ▶ 10 a Was ist das? Hören Sie den Anfang und kreuzen Sie an.

◯ Eine Diskussion im Radio
◯ Eine Sendung im Fernsehen
◯ Ein Gespräch in der Schule

> Javier glaubt, | dass er bald als Koch arbeiten | kann.

auch so: Ich finde / meine / denke / sage, dass ...
Es ist schön, dass ...
Es tut mir leid, dass ...

KB 78 achtundsiebzig

6

3 ▶ 11 **b** Was ist richtig? Hören Sie nun ganz und ergänzen Sie: Felix (F), Mika (M) oder Nurhan (N).

Felix Mika Nurhan

1 _F_ hat Stress in der Schule.
2 ___ hat ein bisschen Stress.
3 ___ hat keinen Stress.
4 ___ hat gute Noten.
5 ___ hat mittlere Noten.
6 ___ hat schlechte Noten.

3 ▶ 11 **c** Hören Sie noch einmal. Was ist richtig? Umkreisen Sie.

Felix: Gute Noten sind (sehr) nicht wichtig. Ich möchte später studieren. eine Ausbildung machen. Aber ich habe zu wenig genug Zeit für Hobbys.

Mika: Freizeitaktivitäten und Hobbys sind nicht so sehr wichtig. Man muss herausfinden, welche Interessen man hat. Man kann sonst nicht den richtigen Beruf das richtige Hobby finden.

Nurhan: Zu viel Stress ist nicht gesund. Man kann müde krank werden. Man muss regelmäßig Hausaufgaben Pausen machen.

d Vergleichen Sie mit Ihrer Partnerin / Ihrem Partner.

◆ Felix meint, dass gute Noten sehr wichtig sind.
○ Ja, genau. Und er sagt, dass er später studieren möchte.

| Felix / … | sagt, / meint, / | dass … |
| Er / Sie | denkt, / findet, | |

B4 Diskussion im Kurs

a Notieren Sie Ihre Antworten.

1 Sind Noten in der Schule wichtig?
2 Sollen Schüler den ganzen Tag in der Schule bleiben?
3 Sollen Schüler auch am Samstag zur Schule gehen?

Frage 1: Ja, Noten sind wichtig. Mein Sohn lernt nicht, wenn er keine Noten bekommt.

b Sprechen Sie zu dritt.

◆ Umut, meinst du, dass Noten in der Schule wichtig sind?
○ Ja, die finde ich sehr wichtig. Mein Sohn lernt nicht, wenn er in der Schule keine Noten bekommt. Dann macht er keine Hausaufgaben und findet die Schule nicht wichtig. Und was meinst du?

> Meinst / Findest du, dass …?
> Was denkst / meinst / glaubst du?
> Das finde ich auch.
> Du hast recht.
> Ich finde das nicht.
> Das sehe ich nicht so.

neunundsiebzig **79** KB

C Schule

C1 Schulfächer
Welches Fach ist das? Ordnen Sie zu.

Mathematik Physik Biologie Chemie ~~Geografie~~
Geschichte Kunst Musik Sport Sozialkunde

Geografie = Erdkunde

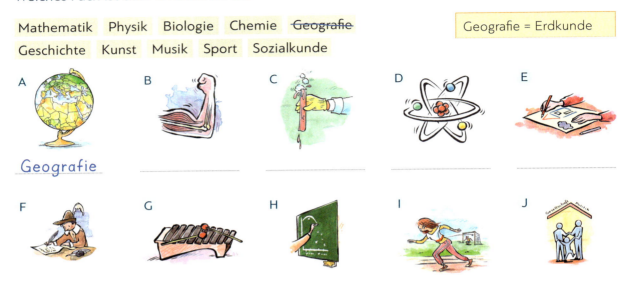

A Geografie   B ....   C ....   D ....   E ....

F ....   G ....   H ....   I ....   J ....

C2 Unsere Schulzeit
a Was sind die Lieblingsfächer von Cosmin, Daniel und Fatma? Lesen Sie und markieren Sie.

Unsere Familie ist 1976 aus Rumänien nach Deutschland gekommen. Ich bin in die Grundschule gegangen und habe danach die Realschule besucht. Meinen Realschulabschluss habe ich mit 17 gemacht. Ich hatte richtig gute Noten! Besonders in Kunst und Musik. Das habe ich geliebt. Aber auch Geschichte
5 war sehr interessant. Nach der Schule habe ich eine Ausbildung als Schreiner gemacht. Ich habe in einer Möbelschreinerei gearbeitet und bin in die Berufsschule gegangen. Mein Beruf macht mich sehr glücklich.

Cosmin

Ich bin mit sieben in die Grundschule und mit elf in die Gesamtschule gekommen. Meine Eltern wollten, dass ich den Realschulabschluss mache,
10 aber das wollte ich nicht. Ich habe viele Fächer nicht gemocht, besonders Deutsch und Englisch habe ich gehasst. Nur Sport war toll! Das war mein absolutes Lieblingsfach. Nach der 9. Klasse habe ich den Hauptschulabschluss gemacht und eine Ausbildung als Mechatroniker angefangen. Das war super! Sogar die Berufsschule hat Spaß gemacht und ich habe meine Abschlussprü-
15 fung mit einer Eins bestanden!

Daniel

Ich bin mit drei Jahren mit meinen Eltern nach Deutschland gekommen. Erst war ich im Kindergarten. Da habe ich schnell Deutsch gelernt. Mit sechs Jahren bin ich dann in die Grundschule gekommen. Und mit zehn Jahren bin ich auf das Gymnasium gegangen – bis zur 13. Klasse. Dann habe ich das
20 Abitur gemacht. Ich war immer gut in der Schule, vor allem in Mathematik, aber auch Physik und Chemie habe ich gemocht. Nach dem Abitur habe ich an der Technischen Universität Informatik studiert.

Fatma

b Lesen Sie noch einmal und ergänzen Sie: Wer hat welche Schulen besucht?

1 _____ Grundschule → Gymnasium → Abitur → Universität
2 _____ Grundschule → Gesamtschule → Hauptschulabschluss → Ausbildung / Berufsschule
3 _____ Grundschule → Realschule → Realschulabschluss → Ausbildung / Berufsschule

c Welche Schulen kennen Sie? Umkreisen Sie.

			Klasse
	Universität / Hochschule / Fachhochschule		13. 12. 11.
Berufsausbildung: Berufsschule und praktische Ausbildung (duales System)	Gesamtschule (Gymnasium + Realschule + Hauptschule / Mittelschule)	Gymnasium	10. 9. 8. 7. 6. 5.
Hauptschule / Mittelschule	Realschule			
Grundschule			4. 3. 2. 1.
Kindergarten (3 – 6 Jahre, freiwillig)			
Krippe (0 – 3 Jahre, freiwillig)			

d Was ist richtig? Kreuzen Sie an.

1 ○ Cosmin hat mit 17 seinen Realschulabschluss gemacht.
2 ○ Nach der Grundschule ist Cosmin zur Berufsschule gegangen.
3 ○ Daniels Eltern wollten nicht, dass er einen Realschulabschluss macht.
4 ○ Daniel hatte in der Abschlussprüfung eine sehr gute Note.
5 ○ Fatma ist mit sechs Jahren in den Kindergarten gekommen.
6 ○ Mit 13 hat Fatma das Gymnasium besucht.

C3 Ihre Schulzeit

a Notieren Sie Ihre Antworten.

1 Haben Sie eine Schule besucht? Wie lange?
2 Was waren Ihre Lieblingsfächer?
3 Welche Fächer mochten Sie nicht?
4 Wie waren Ihre Lehrerinnen und Lehrer?

1 drei Jahre
2 Mathematik
3 Sport
4 sehr streng

b Sprechen Sie im Kurs.

◆ Ich habe drei Jahre lang die Schule in Damaskus besucht.
○ Aha. Ich bin nicht zur Schule gegangen.

Ich habe … Jahre lang die Schule besucht.
Ich bin in meinem Heimatland nicht zur Schule gegangen.
Meine Lieblingsfächer waren … . / … habe ich geliebt. /
… habe ich gehasst. / … war langweilig.
Meine Lehrerin / Mein Lehrer war sehr streng / unfreundlich.
Meine Lehrerin / Mein Lehrer war sehr nett / freundlich.

einundachtzig 81 KB

D Aus- und Weiterbildung

D1 Lesen Sie die Kursangebote und markieren Sie die Kurstitel:
Sport = blau, Sprache = grün, Computer = grau, Beruf = rot, Gesundheit = gelb.

Kursangebot *Frühjahr*

A **Radfahren für Frauen** – Anfängerinnen
Sie haben noch nie auf einem Fahrrad gesessen? Sie wollen gern Radfahren lernen? Dann sind Sie bei uns genau richtig!
15 Termine, Mo bis Fr, 9:00 – 11:15 Uhr,
Beginn: 8. März, 5 – 7 TN*

B Sprachprobleme bei der Führerscheinprüfung?
Sie möchten den Führerschein machen? Sie verstehen aber die Fragen für die Theorieprüfung nicht richtig? In diesem Kurs lernen Sie die sprachliche und inhaltliche Bedeutung der Fachbegriffe. Außerdem helfen wir Ihnen beim Umgang mit den Lehrmaterialien.
14 Termine, Mo bis Fr, 18:00 – 19:30 Uhr,
Beginn: 15. März, 8 – 12 TN

C Einführung in den PC: Keine Angst vor Computern!
Das lernen Sie:
– den sicheren Umgang mit „Word": schreiben, speichern, drucken
– die Arbeit mit Digitalfotos
– den Umgang mit Internet-Browsern
4 Termine, Mo, 17:45 – 19:00 Uhr,
Beginn: 1. März, 7 – 12 TN

D Internet für Fortgeschrittene
Sie haben schon Erfahrung mit dem Internet? Hier lernen Sie mehr über den Umgang mit Suchmaschinen und Web-Katalogen.
1 Termin, So, 9. Mai, 10:00 – 17:00 Uhr, 7 – 12 TN

E Berufsvorbereitungsjahr für Migrantinnen und Migranten
In diesem einjährigen Lehrgang können junge Menschen (ab 16 Jahren) Deutsch für den Beruf lernen und berufliche und soziale Kompetenzen erwerben.
Mo – Fr, 9:00 – 14:30 Uhr (30 Stunden pro Woche),
Beginn: 1. Februar, 12 – 20 TN

F Vortrag Bewerbungstraining
Wie bewirbt man sich richtig? Wie formuliert man das Bewerbungsschreiben? Wie präsentiert man sich beim Vorstellungsgespräch? Unsere Expertin zeigt Ihnen die besten Tipps und Tricks.
2 Termine, Sa/So, 5./6. Juni,
9:00 – 11:00 Uhr, 7 – 20 TN

G Fit in Englisch!
Lesen, Hören, Sprechen, Schreiben für Kinder ab der 7. Klasse
10 Termine, Do, 14:30 – 15:45 Uhr,
Beginn: 18. Februar, 8 – 12 TN

H Deutsch als Zweitsprache: Vorbereitungskurs auf den „Einbürgerungstest"
In diesem Kurs lernen Sie:
– Testfragen verstehen
– Ablauf der Prüfung
– Lernstrategien
2 Termine, 21. April und 3. Mai,
19:00 – 21:30 Uhr, 5 – 12 TN

I Lehrgang zur beruflichen Qualifizierung
Gesundheitsberufe/Pflege: Halbjähriger Lehrgang mit Abschlusszertifikat. Mit zweimonatigem Praktikum im Pflegebereich. Förderung durch die Bundesagentur für Arbeit möglich. Anmeldung und Beratung: Frau Müller-Siechenender, Tel. 45 01 720
Mo – Fr, 8:30 – 15:00 Uhr,
Beginn: 1. Februar, 12 – 20 TN

J **Erste-Hilfe-Kurs**
Ihr Kind hat sich verletzt. Es blutet stark. Der Notarzt ist noch nicht da! Was tun? Wir zeigen Ihnen die richtigen Handgriffe in Notsituationen.
5 Termine, Di 9:00 – 11:30 Uhr,
Beginn: 16. Februar, 7 – 12 TN

* TN = Teilnehmerinnen/Teilnehmer

D2 Hören Sie fünf Gespräche.

a Welcher Kurs aus D1 passt zu welchem Gespräch? Ordnen Sie zu.

Gespräch	1	2	3	4	5
Kurs	G				

b Hören Sie noch einmal. Ist das richtig oder falsch? Kreuzen Sie an.

	richtig	falsch
Gespräch 1: Der Mann sucht Nachhilfe-Unterricht für seinen Sohn.	☒	○
Gespräch 2: Der Mann möchte in zwei Monaten einen Vorbereitungskurs machen.	○	○
Gespräch 3: Die Frau braucht den Computer nur zu Hause.	○	○
Gespräch 4: Der Mann möchte den Führerschein machen. Er findet die Theorie-Prüfung nicht schwierig.	○	○
Gespräch 5: Die Frau möchte einen Beruf lernen.	○	○

D3 Welcher Kurs passt? Ordnen Sie zu. Wer findet keinen Kurs?

Ⓒ Hoa möchte Sekretärin werden. Aber sie hat noch Probleme mit dem Computer.

○ Ahmed fährt mit der U-Bahn zur Arbeit. Aber das dauert sehr lang. Mit dem Fahrrad wäre es besser. Aber er kann nicht Fahrrad fahren.

○ Agata ist bis zur 9. Klasse in die Hauptschule gegangen. Aber sie spricht noch nicht so gut Deutsch. Sie möchte sich gern auf einen Beruf vorbereiten.

○ Claudio sucht eine Stelle als Mechatroniker. Er hat schon viele Bewerbungen geschrieben, aber keine Stelle bekommen.

D4 Sprechen Sie zu zweit über die Fragen.

a Welchen Kurs möchten Sie besuchen? Warum?

> Ich möchte gern den Erste-Hilfe-Kurs machen. Wenn etwas passiert, sollten viele Leute helfen können. Und welchen Kurs möchtest du besuchen?

> Ich möchte den Kurs „Internet für Fortgeschrittene" machen. Ich interessiere mich sehr für Computer und möchte noch viel lernen.

b Möchten Sie noch etwas lernen oder einen Kurs besuchen?

> Ich möchte gern Tennis spielen lernen. Aber das ist leider sehr teuer!

> Ich möchte gern eine Ausbildung als Schneiderin machen. Aber erst muss ich noch besser Deutsch lernen.

Grammatik und Kommunikation

Grammatik

1 Modalverben: Präteritum ÜG 5.09 – 5.12

	müssen	können	wollen	dürfen	sollen
ich	musste	konnte	wollte	durfte	sollte
du	musstest	konntest	wolltest	durftest	solltest
er/es/sie	musste	konnte	wollte	durfte	sollte
wir	mussten	konnten	wollten	durften	sollten
ihr	musstet	konntet	wolltet	durftet	solltet
sie/Sie	mussten	konnten	wollten	durften	sollten

Was mussten/wollten/konnten Sie letztes Wochenende machen? Schreiben Sie.

Am Samstag musste ich früh aufstehen. Ich wollte ...

2 Konjunktion: *dass* ÜG 10.06

	Konjunktion	Ende
Es ist wichtig,	dass man einen guten Schulabschluss	hat.
Javier glaubt,	dass er bald als Koch arbeiten	kann.

auch so: Ich finde / meine / denke / sage, dass ...
　　　　Es ist schön, dass ...
　　　　Es tut mir leid, dass ...

Schreiben Sie fünf Sätze mit *dass*.

1 *Es ist schön, dass ich am Wochenende frei habe.*

Kommunikation

(Nicht) zustimmen: Das finde ich auch.
Das finde ich auch.
Du hast recht.
Ja, genau.
Ja, das stimmt.
Ich finde das nicht.
Das sehe ich nicht so.

Jemanden nach seiner Meinung fragen: Meinst du, dass ...?
Meinst du, dass ...?
Findest du, dass ...?
Was denkst / meinst / glaubst du?

Seine Meinung sagen: Ich glaube, dass ...
Ich glaube / meine / denke / finde / bin sicher, dass ...

6

Gefühle/Verständnis ausdrücken: Es tut mir Leid, dass …
Es tut mir leid, dass …
Mir tut es ja auch leid, dass …
Es ist schön, dass …

Über die Schulzeit sprechen: Ich habe … Jahre lang die Schule besucht.
Ich habe … Jahre lang die Schule besucht.
Ich bin in meinem Heimatland nicht zur Schule gegangen.
Meine Lieblingsfächer waren ….
… habe ich geliebt.
… habe ich gehasst.
… war langweilig.
Meine Lehrerin/Mein Lehrer war sehr streng/unfreundlich.
Meine Lehrerin/Mein Lehrer war sehr nett/freundlich.

Meine Schulzeit. Schreiben Sie fünf Sätze.

Meine Lieblingsfächer waren …

Über den Berufsweg sprechen: Mit neun Jahren wollte ich …
Was wollten Sie als Kind/mit … Jahren werden?
Was wollten Sie als Jugendliche/Jugendlicher werden?
Was wollen Sie jetzt machen?
Als Kind/Mit neun/Als Jugendliche/r wollte ich … werden.
Ich wollte …, aber ich konnte/durfte nicht. Ich musste/sollte …
Später/Nach der Schule/Nach dem Abitur habe ich dann studiert/eine Ausbildung als … gemacht.
Jetzt arbeite ich als …

Ihr Beruf: Zeichnen Sie und/oder schreiben Sie: Als Kind … / Als Jugendliche/r … / Jetzt … / Später …

Als Kind wollte ich Tänzerin werden.

Sie möchten noch mehr üben?

fünfundachtzig **85** KB

Zwischendurch mal ...

LIED

Super gestresst

1 Und noch eine Übung und noch ein Test.
   Mein Kopf ist schon voll, ich bin super gestresst.
   Und noch eine Prüfung und noch ein Schein.
   Weiter, weiter, weiter!
   Da geht noch was rein.

2 _____ genau, dass Bildung für mich wichtig ist.
   _____, dass Lernen für mich richtig ist.
   _____, dass es hier um meine Zukunft geht.
   Ich habe das verstanden. Ich bin ja nicht blöd.

3 Und noch eine Übung und noch ein Test.
   Mein Kopf ist schon voll, ich bin super gestresst.
   Und noch eine Prüfung und noch ein Schein.
   Weiter, weiter, weiter?
   Nein, nein, nein, nein!

4 Ich glaube, es ist besser, ich mach jetzt mal Schluss.
   _____, dass man immer lernen muss?
   _____, dass es im Leben nur um Arbeit geht?
   Für heute ist's genug. Ich bin ja nicht blöd.

5 Ich mach' keine Übung und auch keinen Test.
   Mein Kopf ist zu voll, ich bin super gestresst.
   Ich mach' keine Prüfung und auch keinen Schein.
   Ich mach jetzt 'ne Pause. Es geht nichts mehr rein.

3 ▶ 20   **1** Hören Sie das Lied und ergänzen Sie.

2 Sind Sie auch manchmal „super gestresst"?
       Was machen Sie dann? Was hilft am besten? Sprechen Sie.

> Ich trinke immer Tee. Das hilft.

SPRECHEN

Mein Traumberuf

1 Notieren Sie.

a Was ist Ihr Traumberuf?   a Bäcker
b Was gefällt Ihnen daran?   b kreativ sein, im Team arbeiten
c Was finden Sie nicht so gut?   c viel Stress, früh aufstehen, ...

KB 86 sechsundachtzig

2 Arbeiten Sie in Gruppen. Erzählen Sie. Die anderen raten Ihren Traumberuf.

◆ In meinem Traumberuf muss man sehr kreativ sein und im Team arbeiten. Das gefällt mir besonders.
○ Ist dein Traumberuf Schauspieler?
◆ Nein. Leider hat man in meinem Traumberuf viel Stress und muss sehr früh aufstehen.
▲ Ist Bäcker dein Traumberuf?
◆ Ja, genau.

SCHREIBEN

A Als Kind musste ich Gitarre lernen. Zuerst wollte ich nicht. Aber dann konnte ich schon bald ganz gut spielen und sollte sogar bei einem Konzert mitmachen. Aber dann bin ich krank geworden und durfte nicht dabei sein.

B Als Kind sollte ich immer Gemüse essen. Ich wollte aber lieber Süßes haben. Aber das durfte ich nicht. Ich musste zuerst das Gemüse aufessen. Dann konnte ich mir ein Stück Schokolade holen.

1 Sehen Sie sich die Fotos an und lesen Sie die Geschichten.
Welche Fotos passen? Zeigen Sie.

2 Wählen Sie ein Foto und schreiben Sie eine Geschichte mit *wollen, sollen, ...*
Oder schreiben Sie eine Geschichte aus Ihrer Kindheit.

Als Kind wollte ich so gern ein Haustier haben. Aber ich ...

Feste und Geschenke

Folge 7: Das kannst du laut sagen.

3 ▶ 21–28 **1** Sehen Sie die Fotos an. Was meinen Sie? Sprechen Sie.
Hören Sie dann und vergleichen Sie.

– Warum feiern Tim und seine Freunde ein Fest?
– Wer ist der unbekannte Mann auf den Fotos 6 bis 8?

> Ich glaube, dass Tim und seine Freunde ...

3 ▶ 21–28 **2** Hören Sie noch einmal. Ist das richtig oder falsch? Kreuzen Sie an.

Foto 1–2

		richtig	falsch
a	Im Hotel ist ein Mitarbeiterzimmer für Tim frei.	☒	○
b	Tim soll morgen entscheiden: Nimmt er das Zimmer oder nicht?	○	○
c	Frau Sicinski möchte ein Hoffest machen, weil das Wetter super bleiben soll.	○	○
d	Früher haben die Nachbarn jeden Sommer ein Hoffest gemacht.	○	○

7

	richtig	falsch
Foto 3–4		
a Die Nachbarn bereiten ein Hoffest vor.	○	○
b Betty bastelt eine Karte für Frau Sicinski.	○	○
c Niki muss die Klasse wiederholen.	○	○
d Er hat in Erdkunde und Englisch eine Vier.	○	○
Foto 5–6		
a Tim weiß nicht: Soll er Lara zu dem Hoffest einladen?	○	○
b Lara will das Problem morgen lösen.	○	○
c Herr Wagner ist ein alter Freund von Frau Sicinski.	○	○
d Herr Wagner findet, dass das Tzatziki sehr gut schmeckt.	○	○
Foto 7–8		
a Alle Nachbarn haben Frau Sicinski sehr gern.	○	○
b Herr Wagner findet die Nachbarn nicht so nett.	○	○
c Tim entscheidet: Er zieht weg.	○	○
d Tim hat sehr schnell tanzen gelernt.	○	○

Tims Film

A Ich habe **meinem Mann** ... gekauft.

A1 Geschenke
Lesen Sie die Aussage und ergänzen Sie.

 Früher haben wir jedes Jahr ein Hoffest gemacht. Ich habe meinem Mann Gartenstühle gekauft.

 Was ich gerade mache? Ich backe meiner Nachbarin einen Kuchen. Sie hat morgen Geburtstag.

Wer?		Wem? (Person)	Was? (Sache)	
Ich	habe	• _____ Mann	Gartenstühle	gekauft.
Ich	kaufe	• meinem Baby	einen Teddy.	
Ich	backe	• _____ Nachbarin	einen Kuchen.	
Ich	schenke	• meinen Freunden	ein Buch.	

A2 Was schenkst du ...?
a Ergänzen Sie.

• der Geldbeutel • die Handcreme • die Kette • das Kochbuch
• das Parfüm • die Pralinen • die Puppe • die Handtasche

1 <u>die Pralinen</u>   2 _____   3 _____   4 _____

5 _____   6 _____   7 _____   8 _____

3 ▶ 29 **b** Hören Sie und spielen Sie Gespräche.

◆ Was schenkst du deiner Nachbarin zum Geburtstag?
○ Ich schenke ihr ein Kochbuch.

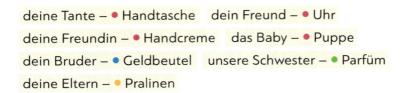

deine Tante – • Handtasche   dein Freund – • Uhr
deine Freundin – • Handcreme   das Baby – • Puppe
dein Bruder – • Geldbeutel   unsere Schwester – • Parfüm
deine Eltern – • Pralinen

WIEDERHOLUNG
Wem? (Person)
mir
dir
ihm/ihm/ihr
uns
euch
ihnen/Ihnen

B Ich kann **es Ihnen** nur empfehlen.

B1 Hören Sie und lesen Sie.

◆ Probieren Sie doch mal das Tzatziki, Herr Wagner.
○ Ich kann es Ihnen nur empfehlen. Das hat Tim gemacht.

	Was? (Sache)	Wem? (Person)	
Ich kann	es	Ihnen	nur empfehlen.

B2 Ergänzen Sie. Hören Sie dann und vergleichen Sie.

ihn – dir   ~~sie – Ihnen~~   es – mir

A
◆ Ich nehme die Puppe.
○ Soll ich _sie Ihnen_ als Geschenk einpacken?

B
▲ Probier doch den Fisch. Ich kann _____ nur empfehlen.

C
□ Das ist mein Auto!
✚ Nein! Das ist meins!
□ Komm schon, jetzt gib _____ .

B3 Arbeiten Sie zu zweit. Fragen Sie und antworten Sie.

◆ Kannst du mir die Schachtel da rübergeben?
○ Moment, ich gebe sie dir gleich. Ich muss nur noch schnell die Rechnung ausdrucken.

• die Schachtel   • das Klebeband   • die Schnur   • die Briefmarken
• das Packpapier   • der Adressaufkleber   • das Geschenkpapier

B4 Sätze bilden
Schreiben Sie mit Ihrer Partnerin / Ihrem Partner zweimal drei Sätze.

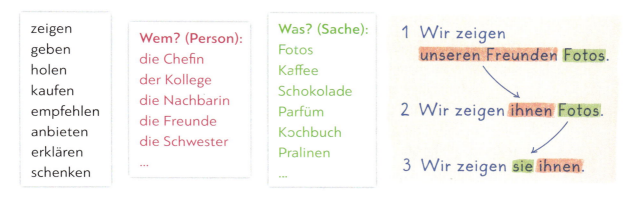

zeigen
geben
holen
kaufen
empfehlen
anbieten
erklären
schenken

Wem? (Person):
die Chefin
der Kollege
die Nachbarin
die Freunde
die Schwester
…

Was? (Sache):
Fotos
Kaffee
Schokolade
Parfüm
Kochbuch
Pralinen
…

1 Wir zeigen unseren Freunden Fotos.
2 Wir zeigen ihnen Fotos.
3 Wir zeigen sie ihnen.

C Hochzeit

C1 Sehen Sie die Fotos an.

a Über welches Fest schreiben Katrin und Miriam? Sprechen Sie.

b Zeigen Sie auf den Fotos:

• die Braut   • der Bräutigam   • die Hochzeitstorte   • die Kirche   • die Feier

> Liebe Miriam, gestern war ich auf Celias und Valentins Hochzeit!

> Warte, ich schicke dir ein paar Fotos.

>> Wow! Echt? Wie war es denn? So schade, dass ich nicht kommen konnte! 😅

> Die Trauung in der Kirche war sehr feierlich. Es war eine große Hochzeit. Es waren sehr viele Gäste da! Stell dir vor: Ich habe beim Ringtausch sogar geweint. So schön war es.

>> Hmmm, und die Torte sieht ja lecker aus! 😍

> Ja, die war super lecker. Aber eine Panne hat es gegeben: Celia und Valentin haben die Torte angeschnitten und sie ist fast runtergefallen. Celias Kleid – voller Sahne! 😳

>> Au weia! 😳

> Beim Tanzen ist Valentin auf Celias Kleid getreten und die zwei sind fast hingefallen. Hahaha! 😂 😂

>> Da war Valentin ein bisschen nervös, was? Er kann ja nicht soooo gut tanzen!

> Die Feier war einfach toll! Die Musik war super, wir haben viel getanzt: Jung und Alt – bis fünf Uhr morgens. Und das Essen! Es hat fantastisch geschmeckt! Wirklich, da hast du was verpasst!

>> Ja, wirklich schade, dass ich gerade in Brasilien bin. Aber ich komme dann zu DEINER Hochzeit, ja? 😊

> Aber klar! 👍👍👍

C2 Lesen Sie die Nachrichten in C1. Ist das richtig oder falsch? Kreuzen Sie an.

		richtig	falsch
a	Es waren viele Leute bei der Trauung.	☒	○
b	Die Torte ist auf den Boden gefallen.	○	○
c	Beim Tanzen hat es eine Panne gegeben.	○	○
d	Alle haben bis spät in die Nacht getanzt und gefeiert.	○	○
e	Das Essen war nicht gut.	○	○
f	Miriam ist in Brasilien.	○	○

C3 Eine Hochzeitsfeier

a Erzählen Sie Ihrer Partnerin/Ihrem Partner von einer Hochzeitsfeier. Notieren Sie Stichpunkte zu den Fragen 1–5.

1 Wer hat geheiratet? Wann und wo war die Hochzeit?
2 Wie groß war die Feier? Wie viele Gäste sind gekommen?
3 Was hat es zu essen und zu trinken gegeben?
4 Was haben die Gäste gemacht?
5 Was für Geschenke hat das Brautpaar bekommen?

> 1 meine Schwester, letztes Jahr in …

b Lesen Sie die Sätze. Welche Sätze möchten Sie verwenden? Markieren Sie.

> Mein/Meine … hat letztes Jahr/2010/vor ein paar Monaten in … geheiratet.
> Die Feier war in einem Restaurant/bei uns zu Hause/…
> Auf der Hochzeit waren ungefähr … Gäste. Es war eine große/kleine Hochzeit.
> Ich war mit meiner Familie/allein da.
> Es hat viel zu essen gegeben. Erst …, dann … und danach …
> Wir haben auch viel getrunken: Wasser, …
> Wir haben viel getanzt/viel gegessen/gebetet/gespielt/gesungen/…
> Das Brautpaar hat viele/wenig/keine Geschenke bekommen.
> Das Brautpaar hat … bekommen. Das ist in meinem Heimatland so.

c Erzählen Sie Ihrer Partnerin / Ihrem Partner. Zeigen Sie auch Fotos.

> Das sind meine Schwester Bhavya und ihr Mann. Sie haben letztes Jahr in Bangalore geheiratet. Das Fest war sehr schön, ….

D Geschenke

D1 Über welche Geschenke freuen Sie sich am meisten?

a Wer sagt das? Hören Sie und ordnen Sie zu.

 1 ○  2 ○  3 ○

A Ich finde es am besten, wenn ich Geld bekomme.

B Am meisten freue ich mich über selbst gemachte Geschenke.

C Über Gutscheine freue ich mich sehr.

b Hören Sie noch einmal. Welche Aussagen sind richtig? Kreuzen Sie an.

1 ○ Ich habe von meiner Freundin eine selbst gemachte Mütze bekommen.
3 ○ Von meinem Enkel bekomme ich immer Gutscheine, zum Beispiel für den Zoo.
2 ○ Wir haben zu unserer Hochzeit von unserer Familie und unseren Freunden Geld bekommen.

c Markieren Sie in b und ergänzen Sie.

von	• _____ Enkel
	• mein**em** Enkelkind
	• _meiner_ Freundin
	• _____ Freunden

D2 Sprechen Sie in der Gruppe.

a Über welche Geschenke freuen Sie sich am meisten?

> Am meisten freue ich mich über …
> Ich finde es sehr schön, wenn ich … bekomme.
> Ich habe mal … von … bekommen. Darüber habe ich mich sehr gefreut.

b Was verschenken Sie selbst gern?

> Ich schenke gern …, weil …
> Am meisten freut sich meine Familie über …
> Meine Freunde freuen sich immer sehr über …

c Welche Geschenke sind für Sie tabu?

> … darf man auf keinen Fall verschenken, weil …
> In meiner Heimat / In meinem Land sollte man kein/keine … verschenken, weil …
> … sind in meinem Heimatland tabu.
> Ich finde es nicht so gut, wenn man … verschenkt. Denn …

E Ein Fest planen

E1 Sabine und Khaled planen ein Fest.
a Für welches Fest entscheiden sie sich? Hören Sie und kreuzen Sie an.

 ○ 1

 ○ 2

b Hören Sie noch einmal. Wer sagt was? Lesen Sie und ergänzen Sie: Sabine (S) oder Khaled (K).

1 (K) Man kann die Gäste per SMS einladen.
2 ○ Ich möchte mit Kollegen feiern.
3 ○ Ich möchte eine Tanzparty machen.
4 ○ Hauptsache, das Essen ist gut und wir unterhalten uns gut.
5 ○ Mir ist wichtig, dass der Raum groß ist und wir genug Platz haben.
6 ○ Ich finde eine Party zu Hause ist gemütlich.
7 ○ Ich finde es toll, wenn die Leute Spaß haben und die Stimmung gut ist.
8 ○ Ich finde, wir müssen den Raum nicht dekorieren.

E2 Unser Fest
a Planen Sie in kleinen Gruppen ein Fest. Was ist Ihnen (nicht so) wichtig? Einigen Sie sich.

Motto: Tänze und Musik aus aller Welt / internationale Speisen / …

Wie viel Geld wollen wir ausgeben?   Wen laden wir ein?   Wann soll das Fest stattfinden?

Was gibt es zu essen und trinken?   Gibt es ein Programm?   Welche Musik wünschen wir uns?

Wie wollen wir dekorieren?

Ich finde es toll, wenn …	Ich finde das nicht toll.
Mir ist … wichtig. Mir ist wichtig, dass …	Ist das wirklich so wichtig?
Die Hauptsache ist / Hauptsache, dass …	Muss das sein?
Am wichtigsten ist, dass …	

b Machen Sie ein Plakat für das Fest.

c Stellen Sie Ihr Fest vor und überzeugen Sie die anderen im Kurs: Sie sollen kommen!

Unser Motto ist …
Wir feiern in/im … /zu Hause bei …
Unser Raum ist so dekoriert: …
Und natürlich haben wir auch Musik: …
Unser Fest findet am … um/ab … Uhr statt.
Zu essen/trinken gibt es …

Herzlich willkommen zu unserem Straßenfest
Motto: Musik aus aller Welt
Termin: 20. Juli, ab 14 Uhr
Musikvorführungen:
• Guzheng aus China (Cindy)
• Harmonium aus Indien (Vijendra)
• Lieder aus Polen (Ania und Marek)

Bringt gern eure Familien mit!

Grammatik und Kommunikation

Grammatik

1 Dativ als Objekt: Possessivartikel und unbestimmter Artikel ÜG 1.03, 2.04, 5.22

Wer?		Wem? (Person)	Was? (Sache)	
Ich	habe	• mein**em** Mann	Gartenstühle	gekauft.
Ich	kaufe	• mein**em** Baby	einen Teddy.	
Ich	backe	• mein**er** Nachbarin	einen Kuchen.	
Ich	schenke	• mein**en** Freunden	ein Buch.	

auch so: dein-, sein-, ihr-, ...; ein-, kein-

Wem haben Sie schon mal etwas Selbstgemachtes geschenkt? Schreiben Sie.

Ich habe meiner Freundin ...

2 Syntax: Stellung der Objekte ÜG 5.22

	Was? (Sache)	Wem? (Person)	
Ich kann	es	Ihnen	nur empfehlen.

	Dativ(pronomen)	Akkusativ
Wir zeigen	unseren Freunden	Fotos.
	Akkusativ	Dativpronomen
Wir zeigen	sie	ihnen.

3 Präposition: *von* + Dativ ÜG 6.04

von	• mein**em** Enkel
	• mein**em** Enkelkind
	• mein**er** Freundin
	• mein**en** Freunden
	mir

Mein Lieblingsgeschenk: Was haben Sie bekommen? Von wem haben Sie das bekommen? Schreiben Sie.

Mein Lieblingsgeschenk ist eine Kette. Ich habe sie von meiner Oma bekommen.

Kommunikation

Über Schenken und Geschenke sprechen: Ich schenke gern ...
Am meisten freue ich mich über ...
Ich finde es sehr schön, wenn ich ... bekomme.
Ich habe mal ... von ... bekommen. Darüber habe ich mich sehr gefreut.
Ich schenke gern ..., weil ...
Am meisten freut sich meine Familie/freuen sich meine Freunde über ...
... darf man auf keinen Fall verschenken, weil ... / ... sind in meinem Heimatland tabu.
In meiner Heimat / In meinem Land sollte man kein/keine ... verschenken, weil ...
Ich finde es nicht gut, wenn man ... verschenkt. Denn ...

Was schenken Sie gern? Was schenken Sie auf keinen Fall? Schreiben Sie.

7

Empfehlung: Probieren Sie doch mal …
Probieren Sie doch mal das Tzatziki.
Ich kann es Ihnen nur empfehlen.

Wichtigkeit ausdrücken: Hauptsache …	
Ich finde es toll, wenn …	Ich finde das nicht toll.
Mir ist … wichtig. Mir ist wichtig, dass …	Ist das wirklich so wichtig?
Die Hauptsache ist … Hauptsache, dass …	Muss das sein?
Am wichtigsten ist, dass …	

Was finden Sie bei einem Fest besonders wichtig? Kreuzen Sie an und sprechen Sie.

○ viel Essen
○ Musik
○ Partyspiele
○ Geschenke
○ Dekoration
○ viele Gäste

Mir ist Musik wichtig.

Ein Fest vorstellen: Unser Motto ist …
Unser Motto ist …
Wir feiern in/im … /zu Hause bei …
Unser Raum ist so dekoriert: …
Und natürlich haben wir auch Musik: …
Unser Fest findet am … um/ab … Uhr statt.
Zu essen/trinken gibt es …

Über ein Fest berichten: Es war eine große Hochzeit.
Mein/Meine … hat letztes Jahr/2010/vor ein paar Monaten in … geheiratet.
Die Feier war in einem Restaurant/bei uns zu Hause/…
Auf der Hochzeit waren ungefähr … Gäste. Es war eine große/kleine Hochzeit.
Ich war mit meiner Familie/allein da.
Es hat viel zu essen gegeben: Erst …, dann … und danach …
Wir haben auch viel getrunken: Wasser, …
Wir haben viel getanzt/viel gegessen/gebetet/gespielt/gesungen/…
Das Brautpaar hat viele/wenig/keine Geschenke bekommen.
Das Brautpaar hat … bekommen. Das ist in meinem Heimatland so.

Sie möchten noch mehr üben?

3 | 38–40 AUDIO-TRAINING   VIDEO-TRAINING

siebenundneunzig **97** KB

Zwischendurch mal ...

FILM

Hauptsache, sie sind glücklich.

1. Sehen Sie die Fotos an. „1" ist der Anfang der Geschichte.
   Was meinen Sie? Wie geht es weiter? Ordnen Sie.

2. Sehen und hören Sie jetzt die Foto-Geschichte. Vergleichen Sie.

7

HÖREN

Wer ist wer … und was ist los?

Sie sind auf einer Party. Sie kennen niemanden. Sie wissen nichts. Noch nicht.

1 Sehen Sie das Bild an. Was meinen Sie?

Worüber unterhalten sich die Leute? Was sind typische Party-Themen?

3 ▶ 41–46 **2 Hören Sie die Gespräche und ordnen Sie die Namen im Bild zu.**

Frauen: Beate   Anna   Jenny   Rosemarie   Paula   Laura   Renate   ~~Katharina~~
Männer: Chris   Hubert   Thomas   Georg   Edgar   ~~Günther~~   Sebastian

3 ▶ 41–46 **3 Hören Sie noch einmal und kreuzen Sie an.**

a Wie findet Chris die Party? ○ Langweilig. ○ Nett. ○ Super.
b Finden Jenny und Katharina das Essen lecker? ○ Ja. ○ Nein.
c Wie heißt der Gastgeber? Er heißt ○ Hubert. ○ Thomas.
d Findet Anna es schön, wie Laura singt? ○ Ja. ○ Nein.
e Was wird auf der Party gefeiert? ○ Silvester. ○ Geburtstag. ○ Nichts Besonderes.
f Was ist mit Günther los? ○ Er ist müde. ○ Er hat Kopfschmerzen.
g Mag Renate Paulas Frisur? ○ Ja. ○ Nein.
h Welchen Sport macht Edgar? ○ Fußball. ○ Joggen. ○ Tennis. ○ Golf.

neunundneunzig **99** KB

Arbeitsbuch

A Ich bin traurig, **weil** ...

A2 1 Warum lernen Sie Deutsch? Ordnen Sie zu.

meine Schwester in Berlin lebt.   ~~ich in Deutschland arbeite.~~
mein Ehemann aus Österreich kommt.   mir die Sprache gefällt.

a Amir: Ich lerne Deutsch, weil _ich in Deutschland arbeite._
b Ewa: Ich lerne Deutsch, weil _____
c Paula: Ich lerne Deutsch, weil _____
d Hakan: Ich lerne Deutsch, weil _____

A2 2 Markieren Sie und ergänzen Sie.

a Hashem skypt gern mit seinen Freunden. Er **sieht** sie da auch.
   Hashem skypt gern mit seinen Freunden, weil er sie da auch _sieht_.
b Arif ist glücklich. Er **hat** ein Zimmer **gefunden**.
   Arif ist glücklich, weil er ein Zimmer _____.
c Jamal ist traurig. Seine Freundin ruft nicht an.
   Jamal ist traurig, weil _____.
d Julika macht eine Party. Sie möchte ihre Nachbarn einladen.
   Julika macht eine Party, weil _____.

A3 3 Schreiben Sie Sätze.

a ◆ Warum hast du kein Auto?
   ○ Weil _ich im Zentrum wohne._
      (im Zentrum – wohne – ich)

b ◆ Warum wohnt ihr jetzt in Hamburg?
   ○ Weil _____
      (dort – gefunden – hat – einen neuen Job – mein Mann)

c ◆ Warum hast du ein Fahrrad gekauft?
   ○ Weil _____
      (meine Einkäufe – machen – mit dem Rad – will – ich)

d ◆ Warum fahrt ihr zum Bahnhof?
   ○ Weil _____
      (wir – abholen – Antonio – möchten)

Ankommen 1

4 Schreiben Sie Sätze mit *weil*.

a Sie hat keine Zeit. Sie muss heute Deutsch lernen.
   Sie hat keine Zeit, weil sie heute Deutsch lernen muss.

b Er ist mit seinem neuen Job zufrieden. Sein Chef ist sehr nett.

c Aviva ruft Christina an. Sie möchte ins Kino gehen.

d Sie ist glücklich. Die Zimmersuche hat funktioniert.

e Er fährt zum Bahnhof. Er will seinen Nachbarn Emilio abholen.

f Ana fährt ins Zentrum. Sie muss ein paar Einkäufe machen.

g Er schreibt seiner Freundin jeden Tag eine E-Mail. Er vermisst sie sehr.

5 Ergänzen Sie in der richtigen Form.

A – Aljona ist nicht gekommen.

Manfred ist sauer, weil _____.

B – Heute holen wir Bayar ab.

Familie Peters ist glücklich, weil _____.

C – Ich sehe Edina zwei Monate nicht.

Hannes ist traurig, weil _____.

einhundertdrei 103

A

6 Satzmelodie und Satzakzent

a Hören Sie und achten Sie auf die Betonung: ___ und die Satzmelodie ↗ ↘ →.

- ◆ Warum wohnst du nicht im <u>Zentrum</u>? ↘
- ○ Weil die Wohnungen dort so <u>teuer</u> sind. ↘
  Und weil ich nicht so viel <u>Geld</u> verdiene. ↘
- ◆ Und warum suchst du keine <u>andere</u> Arbeit? ↘
- ○ Weil mir meine Arbeit <u>gefällt</u> → und weil ich sie <u>gern</u> mache. ↘

b Hören Sie noch einmal und sprechen Sie nach.

7 Hören Sie und markieren Sie die Betonung: ___.
Achten Sie auf die Satzmelodie ↗ ↘ →.

a ◆ Ich muss unbedingt noch <u>Blumen</u> kaufen. ↘
   ○ Warum? ↘
   ◆ Weil meine Mutter Geburtstag hat. ↘

b ○ Franziska kommt heute nicht zum Unterricht. ↘
   ◆ Warum denn nicht? ↘
   ○ Weil ihre Tochter krank ist. ↘

c ◆ Gehen wir morgen wirklich joggen? ↗
   ○ Warum nicht? ↘
   ◆ Na ja, → weil doch dein Bein wehtut. ↘

d ○ Ich gehe nicht mit ins Kino. ↘
   ◆ Weil dir der Film nicht gefällt → oder warum nicht? ↘
   ○ Ganz einfach, → weil ich kein Geld mehr habe. ↘

8 Wählen Sie vier Themen und stellen Sie Fragen.
Ihre Partnerin / Ihr Partner antwortet.

Land?	Geburtsort?
Wohnort?	Sprachen?
Beruf?	Familie?
Hobby?	

Woher kommst du?

Ich komme aus der Türkei. Jetzt lebe ich in …

LERNTIPP Diese Themen sind auch im Alltag wichtig. Schreiben Sie Fragen und Antworten auf und lernen Sie sie.

B Ich **habe** schon ... **kennengelernt**.

9 Ordnen Sie zu und ergänzen Sie in der richtigen Form.

~~essen~~ ~~fragen~~ lesen schlafen machen antworten finden
lernen kochen sagen schreiben holen

ge ... t

	er/sie	er/sie
fragen	fragt	hat gefragt

ge ... en

	er/sie	er/sie
essen	isst	hat gegessen

10 Was ist richtig? Umkreisen Sie.

a Er (hat) ist gespielt.
b Sie hat ist gegangen.
c Sie hat ist gekauft.
d Sie hat ist gearbeitet.
e Sie hat ist gewandert.

f Sie hat ist gekommen.
g Er hat ist gesucht.
h Sie hat ist gefahren.
i Er hat ist gehört.
j Er hat ist geflogen.

11 Ordnen Sie zu.

sind ... gefahren   habe ... ausgepackt   ~~bin ... angekommen~~   hat ... abgeholt
haben ... gegessen   bin ... gegangen

Ich _bin_ gestern um 20.40 Uhr am Bahnhof in Antalya _angekommen_.
Dort _____ mich Sevgi _____. Wir _____
dann gleich nach Hause _____. Ich _____ meine
Sachen _____. Dann _____ wir noch etwas
_____. Dann _____ ich gleich ins Bett _____.

B

12 Ergänzen Sie mit *sein* oder *haben* in der richtigen Form.

a Im Deutschkurs _habe_ ich sehr nette Leute _kennengelernt_. (kennenlernen)
b _____ Sie Ihre Sachen schon _____? (auspacken)
c Wir _____ die Fotos vom Familienfest _____. (ansehen)
d _____ du den Wecker nicht _____? (hören)
e Er _____ gestern viele Lebensmittel _____. (einkaufen)
f Der Bus _____ pünktlich _____. (ankommen)
g Wir _____ am 30.4. _____. (umziehen)
h Wie lange _____ ihr in dieser Wohnung _____? (leben)

13 Ordnen Sie zu und ergänzen Sie in der richtigen Form.

ankommen   ~~aufstehen~~   gehen   zurückfahren
einsteigen   trinken   essen   fahren   anfangen

Ivana _ist_ um 7 Uhr _aufgestanden_ (a). Dann _____
sie ein Brot mit Käse _____ (b) und Tee
_____ (c). Danach _____ sie zur
Bushaltestelle _____ (d). Um 8.10 Uhr
_____ sie in den Bus _____ (e)
und _____ in die Firma _____ (f).
Um 8.30 Uhr _____ sie in der Firma
_____ (g) und _____ gleich mit der
Arbeit _____ (h). Um 17.30 Uhr _____
sie mit dem Bus nach Hause _____ (i).

14 Ein Treffen

a Warum schreibt Antonio? Lesen Sie die Nachricht und kreuzen Sie an.

> Hallo Michael,
> wo warst Du gestern Abend? Ich habe den ganzen
> Abend zu Hause gewartet und Dich dreimal auf
> dem Handy angerufen. Hast Du es nicht gehört?
> Geht es dir gut? Schreib mir bitte kurz.
> Viele Grüße
> Antonio

○ Michael war nicht erreichbar.
○ Michaels Handy war kaputt.

b Ergänzen Sie die Antwort. Achten Sie auf die richtige Form.

nach Hause fahren   etwas zusammen trinken   sofort schlafen
in eine Bar gehen   aussteigen   ~~Freundin treffen~~   spazieren gehen

Lieber Antonio,
es tut mir wirklich leid. Du hast den ganzen Abend auf mich gewartet und ich bin nicht gekommen. Aber weißt Du, warum? Zuerst _habe_ ich im Bus _eine Freundin getroffen_ A. Ich habe sie lange nicht gesehen. Am Marktplatz _____ wir _____ B und wir _____ C. Dort _____ wir _____.
Dann _____ wir noch ein bisschen in der Stadt _____ D. Um halb zwei Uhr morgens _____ ich _____.
Schließlich war ich um zwei zu Hause und _____ E. Heute bin ich müde, aber auch sehr glücklich! Sei also bitte nicht sauer!
Bis bald!
Viele Grüße
Michael

B3 15 Schreiben Sie in der richtigen Form.

mit Kalina an die Ostsee fahren → sie abholen → zusammen zum Bahnhof fahren → in Lübeck ankommen → den Bus nach Travemünde nehmen → schwimmen und Eis essen

Liebe Zorica,
wie war Dein Wochenende? Mein Wochenende war super. Ich _bin mit Kalina an die Ostsee gefahren_. Am Morgen _____. Wir _____. Um 11 Uhr _____. Kennst Du die Stadt? Sie ist sehr alt und sehr schön. In Lübeck _____. Dort war es toll: Das Wetter war schön, das Wasser war warm, wir _____.
Was hast Du gemacht?
Viele Grüße
Radka

C So was **hast** du noch nicht **erlebt**!

16 Ergänzen Sie in der richtigen Form.
Arbeiten Sie auch mit dem Wörterbuch.

bestell...t?
hat erfahr...en?

a be-

bestellen	er/sie bestellt	er/sie hat bestellt
bemerken	er/sie	er/sie
beantragen	er/sie	er/sie
beginnen	er/sie	er/sie

b er-

erklären	er/sie	er/sie
erfahren	er/sie	er/sie
erzählen	er/sie	er/sie

c ver-

verkaufen	er/sie	er/sie
verwenden	er/sie	er/sie
vermieten	er/sie	er/sie

d -ieren

studieren	er/sie	er/sie
telefonieren	er/sie	er/sie
reparieren	er/sie	er/sie

17 Ordnen Sie zu und ergänzen Sie in der richtigen Form.

ankommen   auspacken   ~~bestellen~~   einkaufen   erfahren   erzählen   reparieren   vermieten

a ◆ Vor zwei Wochen habe ich im Internet eine Hose bestellt , aber sie ist immer noch
nicht _____. Jetzt habe ich _____: Die Hose gibt es
nicht mehr.
○ Oh, tut mir leid.

b ◆ Oh, deine Kaffeemaschine funktioniert wieder!
○ Ja. Ich habe sie selbst _____.

c ◆ Wo sind unsere Einkäufe? Hast du nicht _____?
○ Doch. Aber ich habe die Sachen noch nicht _____.

d ◆ Paolo braucht Geld. Jetzt hat er ein Zimmer in seiner Wohnung _____.
◆ Wer sagt das?
○ Marina hat das _____.

AB 108 einhundertacht

1

18 Hören Sie und sprechen Sie nach.

bekommen	Hast du meine SMS bekommen?
bezahlen	Ich habe schon bezahlt.
besuchen	Wann hat Mirko dich denn besucht?
verpassen	Ich habe fast den Bus verpasst.
verlieren	Ich habe zehn Euro verloren.
verstehen	Das habe ich nicht verstanden.
vergessen	Hast du unseren Termin vergessen?
erklären	Du hast mir das sehr gut erklärt.
erleben	So etwas habe ich noch nie erlebt.
erzählen	Das hast du mir schon oft erzählt.

19 Ergänzen Sie in der richtigen Form.

a
- ◆ Das habe ich dir doch schon so oft _erklärt_ ! (erklären)
- ○ Aber ich habe es immer noch nicht _____ . (verstehen)

b
- ◆ Wann hat der Film denn _____ ? (beginnen)
- ○ Vor fünf Minuten.

c
- ◆ Was haben Sie denn am Sonntag gemacht?
- ○ Ich habe eine Freundin in Dresden _____ . (besuchen)
- ◆ Ach, das klingt ja toll!

d
- ◆ Stell dir vor, gestern habe ich meine Geldbörse mit Kreditkarte und Ausweis im Zug _____ . (verlieren)
- ○ Oh, das ist blöd! Wann hast du es denn _____ ? (bemerken)
- ◆ Leider erst am Abend zu Hause. Morgen gehe ich zum Fundbüro.

e
- ◆ Was ist _____ ? (passieren)
- ○ Ich habe den Zug _____ und jetzt komme ich eine Stunde zu spät! (verpassen)
- ◆ So ein Pech!

f
- ◆ Gestern habe ich mein Handy im Café _____ . (vergessen)
- ○ Oje. Und was hast du dann gemacht?
- ◆ Ich bin noch einmal zurückgegangen. Das Handy war noch auf dem Tisch. Zum Glück!

einhundertneun 109

D Wohn- und Lebensformen

20 So lebe ich.
a Lesen Sie die Texte und ordnen Sie zu.

1 Chih-Mei (28)   2 Erik (31)   3 Elvira (69)   4 Khenty (35)

◯ Single   ◯ Familie   ◯ Wohngemeinschaft   2 alleinerziehend

1 CHIH-MEI
Im Moment lebe ich mit meinem Mann Christian zusammen. Ich komme aus Taiwan, er kommt aus Bremen. Aber bald sind wir drei Personen, denn wir bekommen ein Kind. Zurzeit wohnen wir in einer 2-Zimmer-Wohnung. Aber nächste Woche ziehen wir um, weil die Wohnung mit Kind zu klein ist. Wir haben eine Wohnung im Nachbarhaus gefunden. Ist das nicht toll? Christians Eltern wohnen ganz in der Nähe und wollen uns mit dem Baby helfen. Das finde ich sehr gut, denn am Anfang ist der Alltag mit Baby wahrscheinlich nicht einfach.

3 ELVIRA
Ich wohne mit meinen Freundinnen Anne und Charlotte in einer 4-Zimmer-Wohnung. 100 Quadratmeter! Jede hat ihr eigenes Zimmer, und für alle zusammen gibt es das große Wohnzimmer, die Küche und das Bad. Anne und Charlotte sind so alt wie ich: 69 Jahre. Die Leute fragen oft: Warum wohnt ihr zusammen? Ihr seid doch keine Studenten mehr. Aber uns gefällt es, wie es ist. Wir machen viel zusammen: ins Theater gehen oder auf dem Balkon sitzen und erzählen. Und am besten ist: Wir sind nicht allein.

2 ERIK
Ich bin geschieden und wohne mit meinem Sohn Jari in einer kleinen Dachwohnung. Die Wohnung ist nicht groß, aber Jari hat ein eigenes Zimmer. Das finde ich wichtig. Von Montag bis Freitag haben wir viel Stress. Morgens bringe ich Jari zur Schule, dann fahre ich schnell zur Arbeit und nachmittags hole ich Jari bei seiner Oma ab. Dann gehen wir einkaufen und ich muss noch kochen, Wäsche waschen, Jari ins Bett bringen … Am Wochenende haben wir mehr Zeit. Dann schlafen wir lange, gehen ins Schwimmbad und danach gibt es Mittagessen bei der Oma – hmm!

4 KHENTY
Bisher habe ich in einer WG gewohnt. Aber jetzt bin ich umgezogen, weil ich einen neuen Job gefunden habe. In Köln. Hier kenne ich noch nicht viele Leute. Nach der Arbeit komme ich nach Hause und habe das Gefühl: „Ich bin allein." Das ist nicht so schön, denn in der WG waren immer viele Leute. Meine neue Wohnung gefällt mir sehr gut: ein Wohnzimmer, ein Schlafzimmer, eine kleine Küche, ein Bad und ein Balkon. Meine Nachbarn habe ich noch nicht kennengelernt, aber am Wochenende ist eine Grillparty und alle sind eingeladen.

b Lesen Sie noch einmal. Was ist richtig? Umkreisen Sie.

1 Chih-Mei   hat ein Kind.   (wohnt in einer kleinen Wohnung.)   zieht zu Christians Eltern.
2 Erik   hat ein Kind.   ist arbeitslos.   wohnt bei seiner Oma.
3 Elvira   hat zwei Töchter.   lebt in einer großen Wohnung.   möchte studieren.
4 Khenty   will umziehen.   mag seine Wohnung.   kennt seine Nachbarn gut.

E Familie und Verwandte

21 Schreiben Sie die Sätze neu.

a Ist das Opas Hose? → Ist das die Hose von Opa?
b Ist das Frau Molls Mann? → ___
c Ist das Tonis Freundin? → ___
d ___ → Ist das der Onkel von Peter?
e ___ → Ist das das Haus von Tante Käthe?
f ___ → Ist das die Tochter von Angela?

22 Wer ist das?

a Ordnen Sie zu.

Nichte   Neffe   Cousine   ~~Großeltern~~   Schwägerin   Onkel   Tante   Schwager   Cousin   Schwiegereltern

1 Die Eltern von meinen Eltern sind meine Großeltern.
2 Die Eltern von meinem Mann sind meine ___.
3 Die Schwester von meinem Vater ist meine ___.
4 Der Bruder von meiner Mutter ist mein ___.
5 Die Tochter von meiner Tante ist meine ___.
6 Der Sohn von meiner Tante ist mein ___.
7 Die Tochter von meinem Bruder ist meine ___.
8 Der Sohn von meiner Schwester ist mein ___.
9 Die Ehefrau von meinem Bruder ist meine ___.
10 Der Ehemann von meiner Schwester ist mein ___.

b Ordnen Sie die Wörter aus a zu.

• der ___
• die ___
• die Großeltern, ___

23 Was ist richtig? Umkreisen Sie.

Sieh mal, das ist die Familie vom Bruder meiner Mutter, also von meinem (Onkel.) Schwager. Er sitzt da rechts. Neben ihm, das ist seine Frau, also meine Cousine. Tante. Ich mag sie sehr gern. Sie ist freundlich und sehr nett, finde ich. Die Kinder sind ihr Sohn und ihre Tochter, also mein Neffe und meine Nichte. mein Cousin und meine Cousine. Sind sie nicht süß? Und weißt du was? Meine große Schwester bekommt im Mai ein Kind, ein Mädchen. Ist das nicht toll? Dann werde ich noch einmal Tante Schwägerin und bekomme eine Nichte. Cousine. Ich freue mich so sehr!

Test Lektion 1

1 Markieren Sie noch sieben Wörter und ordnen Sie zu.

(ANSEHEN)ARBEITSTAGGLÜCKLICHVERMISSE
NACHBARNSACHENUMZUGKENNENLERNEN

Seit einer Woche wohne ich in Mainz. Der _____ (a) war einfach, weil alle _____ (b) geholfen haben. Ich habe noch gar nicht meine _____ (c) ausgepackt, weil ich schon am nächsten Tag meinen ersten _____ (d) hatte. Es gefällt mir gut hier, ich bin sehr _____ (e). Nur abends _____ (f) ich meine Freunde aus Berlin. Am Wochenende will ich die Stadt _ansehen_ (g) und ich bin sicher: Ich kann schnell Leute _____ (h).

Wörter ___/7 Punkte
- 0–3
- 4–5
- 6–7

2 Schreiben Sie Sätze mit _weil_.

Ich kann nicht mitkommen,
a _weil meine Schwester heute kommt._
(meine Schwester – kommt – heute)
b _____
(muss – ich – arbeiten)
c _____
(verloren – meine Geldbörse – habe – ich)
d _____
(einen Termin – habe – beim Arzt – ich)

Grammatik ___/3 Punkte

3 Ergänzen Sie mit _sein_ oder _haben_ in der richtigen Form.

a ◆ Was _ist_ denn _passiert_? (passieren)
  ○ Ich _____ meinen Schlüssel _____. (vergessen)
b ◆ _____ du pünktlich _____? (ankommen)
  ○ Ja. Ich _____ schon um fünf Uhr _____.
  (aufstehen)

___/3 Punkte
- 0–3
- 4
- 5–6

4 Was passt? Umkreisen Sie.

a ◆ Oje, ich habe meine Fahrkarte zu Hause vergessen.
  ○ (So ein Pech!) ○ Zum Glück!
  ◆ Ich habe noch Geld und kann schnell eine Fahrkarte kaufen.
  ○ So ein Pech! ○ Zum Glück!

b ◆ Die Kaffeemaschine funktioniert schon wieder nicht.
  ○ So ein Mist! ○ Zum Glück!
  ◆ Aber der Techniker kommt in fünf Minuten.
  ○ So ein Mist! ○ Zum Glück!

Kommunikation ___/3 Punkte
- 0–1
- 2
- 3

AB 112 einhundertzwölf

A Die Lampe **hängt** an der Decke.

Zu Hause 2

1 Was ist richtig? Umkreisen Sie.
Achtung: Manchmal gibt es mehrere Lösungen.

a Das Buch (steht) (liegt) hängt (steckt) im Regal.
b Das Papier steht liegt hängt steckt auf dem Tisch.
c Das Bild steht liegt hängt steckt an der Wand.
d Die Hose steht liegt hängt steckt auf dem Bett.
e Der Brief steht liegt hängt steckt unter den Zeitungen.
f Die Lampe steht liegt hängt steckt an der Decke.
g Das Handy steht liegt hängt steckt in der Jacke.
h Der Fernseher steht liegt hängt steckt zwischen den Fenstern.

2 Ergänzen Sie in der richtigen Form: *stehen – liegen – hängen – stecken*.

a ◆ Wo sind denn die Zeitungen?
   ○ Ich glaube, die _liegen_ im Wohnzimmer.

b ◆ Ich suche meine Handtasche.
   ○ Die habe ich im Flur gesehen. Ich glaube, sie _____ neben den Schuhen.

c ◆ Hattet ihr nicht einen Hund?
   ○ Doch. Aber der _____ den ganzen Tag unter dem Sofa und schläft.

d ◆ Wo ist mein Fahrradschlüssel?
   ○ Der _____ natürlich am Fahrradschloss!

e ◆ Ich finde meine Lieblingsbluse nicht.
   ○ Ich habe sie gewaschen. Jetzt _____ sie im Schrank.

f ◆ Warum _____ die Äpfel immer noch am Baum?
   ○ Weil ich keine Leiter habe. Ich kann die Äpfel nicht holen.

3 Wo ist der Ball? Ordnen Sie zu.

Wiederholung A1, L11

auf vor unter in hinter neben über ~~an~~ zwischen

A   _an_

B

C

D

E

F

G

H

I

A

4 Was ist richtig? Umkreisen Sie.

a Das Handy steckt in die (in der) Jacke.
b Die Zeitung liegt vor das vor dem Sofa.
c Unsere Katze liegt zwischen den zwischen die Stühlen.
d Das Bild hängt an die an der Wand.
e Die Schokolade liegt auf den auf dem Schrank.
f Der Hund steht neben die neben der Katze.
g Die Zeitschrift liegt unter dem unter das Bett.
h Das Buch steht im ins Regal.
i Die Lampe hängt über dem über den Tisch.
j Der Ball liegt hinter das hinter dem Sofa.
k Das Radio steht vor den vor die Büchern.

5 Janas Zimmer

a Was ist was? Ergänzen Sie: • der – • das – • die – • die.

1	11
2	12
3 • der Fernseher	13
4	14
5	15
6	16
7	17
8	18
9	19
10	20

b Wie sieht Janas Zimmer aus? Schreiben Sie.

Der Schreibtisch steht neben dem Bett. Vor dem Schreibtisch steht ...

A3 6 Ergänzen Sie mit *stehen – liegen – stecken – hängen* in der richtigen Form.

E-Mail senden

Hallo Emilia,
ich bin gestern umgezogen. Hier ist im Moment noch Chaos: Meine Hosen und T-Shirts _____ auf d_em_ Bett, weil mein neuer Schrank noch nicht da ist ☹. Die Bücher _stehen_ noch nicht i_____ Regal, sie _____ überall auf d_____ Teppich, auf d_____ Schreibtisch, auf d_____ Sofa ... Das Geschirr ist auch noch nicht in d_____ Schränken. Es _____ auf d_____ Küchenstühlen! Und es ist dunkel in d_____ Wohnung, weil noch keine Lampen an d_____ Decke _____. Es gibt auch keine Bilder an d_____ Wänden ... Ich habe einen super Balkon, leider kann ich die Balkontür nicht öffnen. Es _____ kein Schlüssel _____ Schloss ☹! Meine Katze Lila ist glücklich. Sie _____ die ganze Zeit auf d_____ Sofa und schläft ☺.
Wollen wir morgen Abend skypen?
Liebe Grüße
Pia

A4 7 Was liegt/steht/hängt/steckt wo in Ihrer Wohnung? Schreiben Sie Sätze.

a • das Handy
Mein Handy liegt meistens auf dem Schreibtisch im Wohnzimmer.

b • der Wohnungsschlüssel

c • die Lieblingslampe

d • der Fernseher

e • die Schuhe

f • die Waschmaschine

g • der Teppich

B Kann ich das **auf den Tisch legen**?

8 *Wo oder Wohin?*

a Was ist richtig? Umkreisen Sie.

1 Wohin?

Ich lege das Buch …

a (auf den)   auf dem   Tisch.
b neben der   neben die   Lampe.
c neben dem   neben das   Bett.
d in den   im   Schrank.
e unter die   unter den   Zeitungen.

2 Wo?

Das Buch liegt …

a auf den   (auf dem)   Tisch.
b neben der   neben die   Lampe.
c neben dem   neben das   Bett.
d in den   im   Schrank.
e unter die   unter den   Zeitungen.

b Ergänzen Sie die Sätze aus a.

	Ich lege das Buch … →	Das Buch liegt …
• der Tisch / • der Schrank	auf den Tisch /	auf dem Tisch /
• das Bett		
• die Lampe		
• die Zeitungen		

9 Ordnen Sie zu und ergänzen Sie in der richtigen Form.

~~stellen~~   hängen   stecken   legen

a ◆ Wohin hast du das Fahrrad _gestellt_ ? ○ Das steht im Garten.
b ◆ Wohin hast du das Geld _____ ? ○ Das liegt auf dem Tisch.
c ◆ Wohin hast du die Tasche _____ ? ○ Die hängt am Stuhl.
d ◆ Wohin hast du dein Handy _____ ? ○ Das steckt in der Tasche.

10 Wohin hat Jana die Dinge gestellt, gelegt, gehängt? Ordnen Sie zu.

~~hinter das~~   an die   unter den   an die   ins   an die   auf den   in den   auf den   neben das

a Sie hat den Schreibtisch _hinter das_ Bett gestellt.
b Sie hat das Bett _____ Wand gestellt.
c Sie hat das Regal _____ Fenster gestellt.
d Sie hat den Teppich _____ Tisch gelegt.
e Sie hat die Lampe _____ Decke gehängt.
f Sie hat die Bücher _____ Regal gestellt.
g Sie hat die Blumen _____ Tisch gestellt.
h Sie hat das Bild _____ Wand gehängt.
i Sie hat die Kleider _____ Kleiderschrank gehängt.
j Sie hat die Schreibtischlampe _____ Schreibtisch gestellt.

11 Wo ist mein Handy? Ergänzen Sie in der richtigen Form.

a ◆ Wo ist denn bloß mein Handy?
  ○ Hast du es auf _den_ Schreibtisch gelegt?
  ◆ Nein, _auf dem_ Schreibtisch ist es nicht.
b ○ Hast du es in _____ Regal gelegt?
  ◆ Nein, _____ Regal ist es auch nicht.
c ○ Ist es vielleicht unter _____ Bett?
  ◆ Nein, _____ Bett ist es auch nicht.
d ○ Und neben _____ Sofa?
  ◆ Nein, _____ Sofa liegt es auch nicht!
e ○ Hast du es vielleicht in _____ Tasche gesteckt?
  ◆ Nein, _____ Tasche steckt es auch nicht!
f ○ Liegt es vor _____ Fernseher?
  ◆ Nein, _____ Fernseher liegt es nicht!
g ○ Du hast es doch nicht in _____ Papierkorb gesteckt!
  ◆ Da muss ich mal nachsehen.

12 Wohin stellen, legen, hängen wir …? Ergänzen Sie die Sätze.

a Das Regal _stellen wir_ in _die Ecke_, neben _____. (● Ecke – ● Fenster)
b Die Lampe _____ an _____. (● Decke)
c Das Foto _____ in _____. (● Regal)
d Das Kleid _____ in _____. (● Schrank)
e Das Bild _____ an _____. (● Wand)
f Das Bett _____ neben _____. (● Tür)
g Den Tisch _____ in _____. (● Mitte)
h Und unter _____ einen Teppich. (● Tisch)

B

13 Was ist richtig? Lesen Sie und kreuzen Sie an.

Kleine Wohnung ganz groß

Sie ziehen um und die neue Wohnung ist klein. Planen Sie gut: Was brauche ich? Wie viel Platz habe ich? Kaufen Sie ein Bettsofa, denn dann haben Sie ein Sofa und ein Bett in einem. Stellen Sie es an die Wand oder in die Ecke. Am Tag
5 können Sie auf dem Sofa sitzen, in der Nacht wird es zum Bett. Stellen Sie auch ein großes Regal an die Wand. Es soll breit, aber nicht zu hoch sein! In das Regal passen Geschirr, Bücher, Spiele ...
Vor dem Sofa hat ein Tisch Platz. Er darf nicht zu hoch sein. Stühle brauchen Sie dann nicht, Sie können ja auf dem Sofa sitzen. Wenig Platz heißt nicht: Die Wohnung ist lang-
10 weilig! Mit Pflanzen, Teppichen oder Bildern können Sie die Wohnung dekorieren. Wichtig ist die Farbe an der Wand: Weiß und Hellgelb machen einen Raum groß, dunkle Farben oder Rot machen ihn klein.

Mehr lesen

a In einer kleinen Wohnung ...
○ hat ein Sofa keinen Platz.
☒ ist ein Sofa zum Sitzen und Schlafen gut.
○ muss das Sofa in der Mitte stehen.

b Ein Regal ...
○ braucht viel Platz.
○ soll hoch sein.
○ hat Platz für viele Sachen.

c Man soll einen Tisch ...
○ an die Wand stellen.
○ vor das Sofa stellen.
○ und Stühle kaufen.

d Mit ...
○ Teppichen und Bildern kann man die Wohnung schön machen.
○ Farbe an der Wand sieht ein Zimmer nicht gut aus.
○ Farben wie Weiß, Hellgelb und Rot sieht ein Zimmer klein aus.

14 Mirko ist neu im Büro. Hören Sie und korrigieren Sie.
1 ▶ 5

a Mirko kann seine Jacke ~~ins Regal legen~~.
 neben die Tür hängen

b Mirko soll die Fotos an die Wand hängen.

c Der Stecker steckt in der Steckdose.

d Mirko soll Papier in den Schrank legen.

118 einhundertachtzehn

C Kommen Sie doch **rein**.

15 Verbinden Sie.

a in den Supermarkt   c in den 10. Stock   e von der Brücke
b über die Straße   d aus dem Geschäft

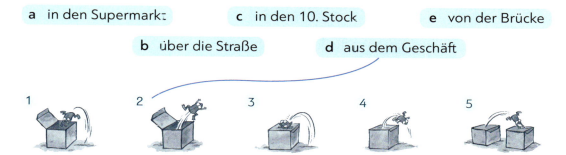

16 Wohin geht Marita? Ordnen Sie zu und schreiben Sie Sätze.

~~aus dem Haus~~   ins Haus   ins Erdgeschoss   ~~raus~~   rüber
über die Straße   runter   in den dritten Stock   rauf   rein

A Marita geht aus dem Haus. Sie geht raus.

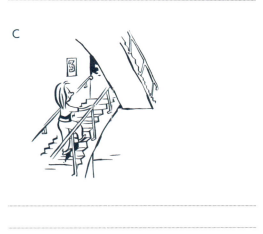

C

17 Was darf man nicht? Was muss man? Ordnen Sie zu und ergänzen Sie in der richtigen Form.

rausstellen   reinbringen   reingehen   reinkommen   ~~runterfahren~~   rüberfahren

A
Vorsicht! Hier _darf_ man _nicht runterfahren_.

D
Am Donnerstag _____ du den Müll _____.

B
Hier _____ man _____.

E
Es regnet! Schnell! Wir _____ alles _____.

C
Hier _____ Sie leider _____.

F
Nein, du _____ noch nicht _____.

18 ü hören und sprechen

a Wo hören Sie ü? In Wort A oder B? Kreuzen Sie an.

1 ☒ A ○ B   3 ○ A ○ B
2 ○ A ○ B   4 ○ A ○ B

b Hören Sie und sprechen Sie nach.

1 viel Müll – sehr viel Müll – Das ist aber sehr viel Müll.
2 vor die Tür stellen – Bitte den Müll vor die Tür stellen! – Herr Müller, würden Sie bitte den Müll vor die Tür stellen?
3 natürlich – natürlich müssen Sie – Aber natürlich müssen Sie die Tür schließen.
4 rüberbringen – lieber den Schlüssel rüberbringen – Bring den Schlüssel lieber zu den Nachbarn rüber.

D Mitteilungen im Haus

19 Finden Sie die passenden Ausdrücke und notieren Sie.

e • den Einzug   hoffen   b • das Auto

feiern   trennen   c • Gegenstände   d • auf • Verständnis

a • den Müll

entfernen   abstellen

a • den Müll trennen
b
c
d
e

20 Bilden Sie Wörter und ergänzen Sie: • der – • das – • die.

a • der Müll + • die Tonne
  • die Mülltonne

b • das Fahrrad + • der Ständer

c • der Eingang + s + • das Tor

d • das Haus + • der Bewohner

e • die Heizung – s + • die Ablesung

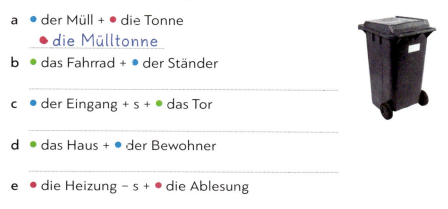

21 Was passt nicht? Streichen Sie und verbinden Sie dann.

a • das Arbeitszimmer • die Müllabfuhr • das Bad
  • das Kinderzimmer • der Flur • die Toilette

b • das Glas • der Biomüll • der Papierkorb
  • das Plastik • das Sofa • die Mülltonne

c • der Fernseher • der Kühlschrank • der Herd
  • die Waschmaschine • der Kinderwagen • das Radio

d • der Schreibtisch • der Stuhl • die Küche
  • das Bücherregal • der Schrank • das Sofa

e • der 1. Stock • der Hof • die Garage
  • der Abfall • der Garten • das Dach

1 • das Haus
2 • die Wohnung
3 • die Möbel
4 • die Elektrogeräte
5 • der Müll

D

22 Lange Wörter sprechen und schreiben

a Wortakzent. Hören Sie und markieren Sie die Betonung: ___.

1 die <u>Woh</u>nung – der <u>Schlüs</u>sel – der <u>Woh</u>nungsschlüssel
2 der Müll – die Tonne – die Mülltonne
3 die Kinder – der Wagen – der Kinderwagen
4 das Land – die Karte – die Landkarte
5 die Bücher – das Regal – das Bücherregal
6 der Aufzug – die Tür – die Aufzugstür

b Wo kann man die Wörter trennen? Hören Sie und schreiben Sie.

1 • Wohnungsschlüssel   Woh – nungs – schlüs – sel
2 • Mülltonne
3 • Kinderwagen
4 • Landkarte
5 • Bücherregal
6 • Aufzugstür

c Hören Sie und vergleichen Sie.

23 Wo ist meine Katze? Ordnen Sie den Text und schreiben Sie die Mitteilung.

○ Sie ist weiß und grau-braun und ein Auge ist blau, ein Auge ist grün. Seit zwei Tagen ist sie nicht mehr nach Hause gekommen. Wer hat sie gesehen?
○ Alice Barbieri
○ Hilfe! Ich suche meine Katze.
① Liebe Nachbarn!
○ Der Finder bekommt 10 Euro!

Liebe Nachbarn!
…

24 Korrigieren Sie die Wörter.

Liebe **Hausbewoner**,
wir sind Ihre neuen Nachbarn. Am Samstag wollen wir unseren Einzuk mit einem Gartenfest feiern. Es kann ein bischen laut werden. Wir hoffen auf Ihr Verschtändnis. Oder kommen Sie doch runta ins Erdgeschos und feiern Sie mit.
Herzliche Grüße
Daria und Mihal Arapi

a Hausbewohner
b
c
d
e
f

E Zusammen leben

25 Was ist das Problem? Ordnen Sie zu.

kaputt   laut   sauber   schmutzig   ~~bellt~~   spielt   raucht   riecht

Leider gibt es im Haus viele Probleme!

A Frau Maurers Hund _bellt_ viel.

B Überall _____ es nach Zigaretten, weil Herr Paulsen so viel _____ .

C Im Treppenhaus ist es _____ .

D Der Aufzug ist schon wieder _____ .

E Es ist oft _____ , weil Frau Cho bis spät in die Nacht Klavier _____ .

F Die Treppe ist nicht _____ .

26 Was ist richtig? Kreuzen Sie an.

a ◆ Die Haustür war gestern Nacht wieder nicht richtig geschlossen.
   ☒ Oh, Entschuldigung. Das war keine Absicht.
   ☐ Danke für Ihr Verständnis.

b ◆ Das Schloss an meiner Wohnungstür ist kaputt. Könnten Sie es bitte wechseln?
   ☐ Kommen Sie doch rein.
   ☐ Leider kann ich das im Moment nicht machen, weil ich krankgeschrieben bin.

c ◆ Ich habe eine Bitte: Würden Sie nächste Woche meinen Briefkasten leeren?
   ☐ Kein Problem. Das mache ich gern.
   ☐ Vielen Dank für Ihre Hilfe.

d ◆ Der Kinderwagen darf nicht vor dem Aufzug stehen!
   ☐ Ich hoffe, das ist in Ordnung.
   ☐ Oh, tut mir leid. Das habe ich nicht gewusst.

einhundertdreiundzwanzig **123**

E

27 Ordnen Sie zu.

Seien Sie bitte so nett   ~~habe ein Problem~~   habe ich nicht gewusst   das geht nicht
Danke für Ihr Verständnis   ist doch kein Problem   was ist denn los

◆ Hallo, Frau Özdemir. Ich habe ein Problem .
○ Oh, _____?
◆ Vor Ihrer Tür stehen immer so viele Schuhe.
○ Ja, aber das _____, oder?
◆ Leider doch. Ich putze jede Woche das Treppenhaus. Da stören die Schuhe. _____ und stellen Sie die Schuhe in Ihre Wohnung.
○ Tut mir leid, _____, weil wir im Flur einen teuren Teppich haben. Der darf nicht schmutzig werden.
◆ Aber man darf im Treppenhaus nichts abstellen.
○ Das _____.
   Wissen Sie, was? Ich schlage vor, ich kaufe ein Schuhregal für unsere Wohnung.
◆ Das ist eine gute Idee. _____.

28 Lesen Sie die Mitteilung und entscheiden Sie: Ist die Aussage richtig oder falsch?
Welche Antwort (a, b oder c) passt am besten?

Prüfung DTZ Lesen, Teil 3

BRAUNATO Wärmemesser GmbH | 66954 Primasens

BRAUNATO
Heizung | Warmwasser

Jahresablesung
Adresse: Geisdorferstr. 121
Sehr geehrte Damen und Herren,
die Ablesung der Heizung findet statt am:
Donnerstag, 18. Januar , von 7.30 bis 9.30 Uhr.

Mit freundlichen Grüßen
Ihr Messdienst
P. Kuhn

> Entfernen Sie bitte Gegenstände und Möbel vor den Heizungen.
> Können Sie nicht selbst zu Hause sein?
> Geben Sie bitte bei Abwesenheit den Schlüssel bei einem Nachbarn ab.

1 Der Heizungsdienst kommt am 18. Januar am Nachmittag.   ○ richtig   ○ falsch
2 Die Mieter   a ○ müssen selbst zu Hause sein.
              b ○ sollen keine Möbel vor der Heizung haben.
              c ○ können den Schlüssel dem Mitarbeiter vom Heizungsdienst geben.

Test Lektion 2

1 Ordnen Sie zu.

lege   liegt   steht   stecken   ~~stellen~~

a Ah, Sie bringen den neuen Drucker. Super! Bitte _stellen_ Sie ihn auf den Schreibtisch.
b Nein, der Drucker ist nicht kaputt. Sie müssen nur den Stecker in die Steckdose _____ .
c Ich _____ die Gebrauchsanweisung für den Drucker auf den Tisch, ja?
d Das Papier für den Drucker _____ im Schrank.
e Den alten Drucker können Sie mitnehmen. Er _____ dort drüben am Fenster.

Wörter ___/4 Punkte
- 0–2
- 3
- 4

2 Ordnen Sie zu.

rauf   ~~raus~~   rein   rüber

a Hallo, Herr Ley! Kommen Sie doch _____ und trinken Sie einen Kaffee mit uns.
b Schade, hier darf ich heute nicht _____ gehen.
c Hier darf man nur im Notfall _raus_ gehen.
d Kommen Sie bitte _____ , Frau König.

Grammatik ___/3 Punkte

3 Ergänzen Sie.

In der Nacht ist meine Katze draußen: i_m_ (a) Garten oder auf d_____ (b) Straßen. Am Morgen kommt sie in_____ (c) Haus und will Frühstück. Dann geht sie unter d_____ (d) Sofa oder in d_____ (e) Schrank. Dort liegt sie den ganzen Tag. Am Abend kommt sie zu mir in d_____ (f) Küche und will spielen. Später sitzt sie an d_____ (g) Tür und will raus. Denn in der Nacht ist meine Katze draußen …

___/6 Punkte
- 0–4
- 5–7
- 8–9

4 Ergänzen Sie das Gespräch.

a ◆ Herr Peters! Ich kann nicht in meine Garage. Seien S_ie_ b_itte_ s_o_ n_ett_ und stellen Sie Ihr Auto im Hof ab.
   ○ Ich bringe nur schnell meine Einkäufe rauf, ja? Ich h_____ , d_____ i_____ in O_____ .

b ◆ Ach, Herr Kellner, können Sie mein Fahrradschloss reparieren?
   ○ Kein P_____ . Das m_____ i_____ g_____ .
   ◆ V_____ D_____ für l_____ H_____ .

Kommunikation ___/3 Punkte
- 0–1
- 2
- 3

A Ich esse **nie** Fleisch.

1 *oft, manchmal, nie …*
 a Schreiben Sie Sätze.

1 Paula _isst fast nie Süßigkeiten_ . (Süßigkeiten – fast nie – isst)
2 Sie _____ .
   (trinkt – Alkohol – nur selten)
3 Ihre Freunde _____ .
   (sie – oft – laden – ein – zum Essen)
4 Sie _____ .
   (dreimal pro Woche – in der Kantine – isst)
5 Sie _____ .
   (bei ihren Eltern – sonntags – isst)
6 Sie _____ .
   (manchmal – geht – zu einem Imbiss)

 b Schreiben Sie die Sätze aus a neu.

1 Süßigkeiten _isst Paula fast nie_ .
2 Alkohol _____ .
3 Oft laden ihre Freunde _____ .
4 Dreimal pro Woche _____ .
5 Sonntags _____ .
6 Manchmal _____ .

2 Ordnen Sie zu.

~~oft~~   immer   selten   manchmal   nie   meistens

a Franz isst _oft_ Fleisch – fast jeden Tag.
b Mayla isst nur vegetarisch. Sie isst _____ Fleisch.
c Yara geht höchstens einmal oder zweimal pro Monat zum Mittagessen in die Kantine. Sie isst nur _____ dort.
d Francesco trinkt jeden Morgen Kaffee. Er braucht zum Frühstück _____ Kaffee.
e _____ hat Ingo keine Zeit für ein Frühstück, aber einmal pro Woche geht er mit einem Kollegen zum Bäcker.
f Arif isst am liebsten Hühnerfleisch, aber _____ isst er auch Rindfleisch.

3 Wie oft machen Sie das? Schreiben Sie Sätze.

a Sport machen   _Ich mache selten Sport, vielleicht einmal pro Monat._
b spazieren gehen   _____
c lange schlafen   _____
d Nachrichten schreiben _____
e einkaufen   _____
f mit dem Bus fahren _____

3 Essen und Trinken

4 Wie heißen die Wörter? Ergänzen Sie.

Lieber Simon,
nun lebe ich schon zehn Monate in Würzburg und ich habe schon ein paar **Gewohnheiten** (wohntenheiGe) von meinen deutschen Kollegen _____ (nomübermen). Ich frühstücke zum Beispiel _____ (gensmor) Brot mit _____ (nigHo) oder _____ (lameMarde) und ich kaufe mir _____ (wegsterun) noch einen Kaffee. _____ (tagsMit) gehe ich meistens mit Kollegen in die _____ (Kanneti). Es gibt immer ein vegetarisches _____ (richtGe). Das nehme ich oft, denn ich esse nie _____ fleisch (neSchwei). Manchmal trinken die Kollegen und ich nach der Arbeit noch etwas zusammen. Alle sagen: Hier in der Nähe von Würzburg schmeckt der Wein sehr gut. Aber Du weißt ja, ich trinke keinen _____ (Alholko)! Das verbietet meine _____ (gionReli). Mein Lieblingsgetränk ist zurzeit Apfelschorle, das ist Apfelsaft mit Mineralwasser. Das trinke ich zu fast jeder _____ (zeitMahl) ☺. Wie geht es Dir? Wie geht es Deiner Familie? Treffen wir uns bald mal wieder?
Viele Grüße, Kerem

5 Lesen Sie und ordnen Sie zu.

Gesund frühstücken ist ganz einfach   ~~Gesundes Essen am Arbeitsplatz? Kein Problem!~~
Für den kleinen Hunger zwischendurch   Tipps für eine gesunde Mittagspause

A   Gesundes Essen am Arbeitsplatz? Kein Problem!
Für viele ist das Essen am Arbeitsplatz nicht so wichtig: Mittags gibt es schnell eine Currywurst und nachmittags Schokolade oder Kuchen. Gesund ist das nicht. Machen Sie es besser! Wir zeigen Ihnen, wie:

B _____
Beginnen Sie den Tag mit einem Glas Milch oder einer Tasse Tee. Essen Sie Vollkornbrot oder Vollkornbrötchen mit Käse oder ein Müsli mit Milch oder Joghurt.

C _____
Trinken Sie vor und nach dem Essen ein Glas Wasser.
Essen Sie oft Obst, Gemüse oder einen Salat.
Sie haben nur Zeit für ein Brot? Nehmen Sie nicht nur Käse oder Wurst.
Legen Sie auch Salat oder Tomaten auf das Brot. Gibt es am Arbeitsplatz eine Küche oder einen Herd? Dann nehmen Sie eine gesunde Mahlzeit, zum Beispiel eine Suppe, von zu Hause mit und machen Sie sie warm.

D _____
Mit einem kleinen Snack am Vormittag oder Nachmittag können Sie besser arbeiten. Essen Sie am besten Nüsse oder Obst.

B Du möchtest doch auch **einen**, oder?

6 Lösen Sie das Rätsel.

Lösung: _____

7 *einer, eins, eine, welche*

a Verbinden Sie.

1 ◆ Wo finde ich ein Glas?
2 ◆ Ich brauche bitte eine Tasse.
3 ◆ Gib mir bitte einen Löffel.
4 ◆ Ich finde keine Messer.
5 ◆ Haben wir keine Eier?
6 ◆ Kann ich bitte noch ein Brötchen haben?

a ○ Bitte, hier ist eine.
b ○ Klar. Bitte, hier ist **eins**.
c ○ Schau, hier ist **eins**.
d ○ Dort drüben liegt einer.
e ○ Auf dem Tisch liegen welche.
f ○ Doch, im Kühlschrank sind welche.

b Markieren Sie in a und ergänzen Sie.

Wer?/Was?	Hier ist/sind …
• der Löffel	_____ /keiner
• das Glas/Brötchen	eins /keins
• die Tasse	_____ /keine
• die Messer/Eier	_____ /keine

8 einen, eins, eine, welche

a Was ist richtig? Umkreisen Sie.

1 ◆ Ich brauche einen Teller. ○ Warte, ich hole einer. (einen.)
2 ◆ Möchtest du eine Nachspeise? ○ Oh ja, ich nehme gern eine. welche.
3 ◆ Soll ich ein Brot kaufen? ○ Nein, wir haben noch eins. ein.
4 ◆ Wer möchte noch Nudeln? ○ Ich nehme gern noch eine. welche.

b Ergänzen Sie.

	Ich nehme/möchte/hole/habe ...
• der Teller	_einen_ /keinen
• das Brot	_____ /keins
• die Nachspeise	_____ /keine
• die Nudeln	_____ /keine

9 Ordnen Sie zu.

eins ~~keine~~ eine welche keine einen

a ◆ Ich nehme mir eine Nachspeise. Du auch?
　○ Nein danke. Ich möchte _keine_.

b ◆ Haben wir noch ein Käsebrötchen?
　○ Ja, schau mal, dort ist _____.

c ◆ Ich mache mir noch einen Espresso.
　○ Gute Idee. Ich möchte auch noch _____.

d ◆ Wo sind denn die Nüsse? Haben wir noch _____?
　○ Nein, ich glaube, wir haben _____ mehr.

e ◆ Ich brauche eine Gabel.
　○ Da auf dem Tisch liegt doch _____.

10 Ergänzen Sie.

a ◆ Ich brauche • ein Wörterbuch Deutsch-Arabisch. Hast du e_ins_?
　○ Nein, aber frag doch Medhat.

b ◆ Kannst du mir • einen Stift geben?
　○ Tut mir leid, ich habe k_____. Aber dort auf dem Tisch liegt e_____!

c ◆ Hast du • eine Zigarette für mich?
　○ Ich habe leider k_____. Ich rauche nicht.

d ◆ Soll ich • Bananen kaufen?
　○ Ja, bitte. Es sind k_____ mehr da.

einhundertneunundzwanzig 129

B

11 Verbinden Sie.

a ◆ Ich habe meine Stifte vergessen.
b ◆ Darf ich dein Fahrrad nehmen?
c ◆ Der Pullover da, ist das Ihrer?
d ◆ Sind das Carlos Zigaretten?
e ◆ Ist das euer Hund?
f ◆ Entschuldigung, aber das ist meine Tasse!

1 ○ Warum? Ist deins schon wieder kaputt?
2 ○ Nein, das ist bestimmt nicht meiner!
3 ○ Ja, ich glaube, das sind seine.
4 ○ Du kannst meine benutzen.
5 ○ Oh, wer hat dann meine genommen?
6 ○ Nein, das ist nicht unserer, das ist der von Frau Meier!

12 Ergänzen Sie in der richtigen Form.

A
die Brille

◆ Hast du meine Brille gesehen?
○ Hm, auf deinem Kopf ist e ine . Vielleicht ist das d_____?

B
der Schlüssel

◆ Ist das I_____?
○ Nein, das ist nicht m_____. Ich habe m_____ hier.

C
das Auto

◆ He! Das ist m_____.
○ Nein, Julian, das gehört nicht dir allein. Das ist e_____.

13 Was ist richtig? Umkreisen Sie.

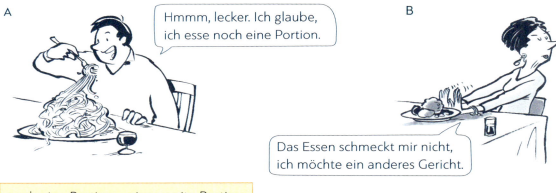

A Hmmm, lecker. Ich glaube, ich esse noch eine Portion.

B Das Essen schmeckt mir nicht, ich möchte ein anderes Gericht.

noch eine Portion = eine zweite Portion

1 Ich habe so einen Durst. Ich trinke (noch eine) eine andere Cola.
2 Das Messer ist schmutzig. Ich brauche noch eins. ein anderes.
3 Heute habe ich schon dreimal Eis gegessen, aber ich nehme gern noch eins. ein anderes.
4 Mehr Gläser? In der Spülmaschine sind noch welche. andere.
5 Der Stift schreibt nicht gut. Morgen kaufe ich noch einen. einen anderen.
6 Die Schuhe sind zu klein. Haben Sie noch welche andere in Größe 40?

C Guten Appetit!

C1 14 Verbinden Sie.

a ◆ Hier, die Blumen sind für Sie.
b ◆ Was möchten Sie trinken?
c ◆ Soll ich die Schuhe ausziehen?
d ◆ Darf ich Ihnen noch etwas geben?
e ◆ Vielen Dank für den schönen Abend.

1 ○ Gern. Kommen Sie bald wieder.
2 ○ Ja, gern. Das Essen schmeckt sehr gut.
3 ○ Oh, danke. Das ist sehr nett.
4 ○ Nein, nein.
5 ○ Einen Orangensaft, bitte.

(a — 3)

C2 15 Ordnen Sie die Gespräche.

a ○ ◆ Nein, nein.
  ○ ○ Hallo, Elly. Hier, die Blumen sind für dich.
  ① ◆ Hallo, Linda, komm rein.
  ○ ◆ Oh, die Blumen riechen gut. Danke.
  ○ ○ Soll ich die Schuhe ausziehen?

b ○ ◆ Guten Appetit.
  ○ ○ Ja, ein Glas trinke ich sehr gern. Danke.
  ○ ◆ Schweinefleisch mit Gemüse und Kartoffeln. Das magst du doch, oder?
  ① ○ Hmm. Was hast du denn gekocht?
  ○ ◆ Das ist schön. Möchtest du Wein?
  ○ ○ Ja, sehr gern.

c ○ ◆ Sehr gern. Tschüs.
  ○ ◆ Danke für deinen Besuch und komm gut nach Hause.
  ① ○ Es ist schon spät. Vielen Dank für den schönen Abend und das Essen.
  ○ ○ Das nächste Mal kommst du zu mir, ja?

C2 16 Wie antworten Sie höflich? Ordnen Sie zu.

~~Kein Problem!~~   Ein Wasser, bitte. Ich trinke keinen Alkohol.
Ja, gern. Sie schmeckt wirklich lecker!   Vielen Dank für den schönen Abend.
Vielen Dank. Das ist sehr nett. Wir kommen gern.

a ◆ Wir möchten Sie und Ihre Frau am Samstag gern zum Abendessen einladen.
  ○ _____

b ◆ Tut mir leid! Ich habe gar nichts mitgebracht.
  ○ Kein Problem!

c ◆ Möchten Sie Wein oder lieber ein Bier?
  ○ _____

d ◆ Möchten Sie noch etwas von der Nachspeise?
  ○ _____

e ◆ Auf Wiedersehen. Kommen Sie gut nach Hause.
  ○ _____

D Bei Freunden zu Gast

17 Wie heißen die Wörter? Ergänzen Sie.

A João aus Brasilien

In Deutschland darf man nicht einfach seine Freunde zu einer Einladung _mitbringen_ (brinmitgen). Das überrascht mich. In Brasilien nimmt man oft jemanden mit und _____ (tensmeis) ist das kein Problem.

C Alba aus Spanien

Viele Deutsche essen schon um 12 Uhr zu Mittag. Das finde ich _____ (samselt). In meinem Heimatland ist das _____ (dersan). In Spanien isst man erst um 14 oder 15 Uhr.

B Sonja aus Deutschland

In Deutschland eine Stunde zu spät zum Essen kommen? Das geht nicht. Das ist nicht _____ (lichhöf).

D Cosmin aus Rumänien

In Deutschland bringt man zu einer Einladung oft _____ (menBlu) mit. Das kenne ich. Bei uns ist das _____ (sonauge).

18 Wie schmecken die Lebensmittel? Ergänzen Sie.

A    B    C    D   E

sauer _____ _____ _____ _____

19 Wie schmeckt das? Was meinen Sie? Kreuzen Sie an.

		scharf	sauer	süß	fett	salzig
a	Sahne					
b	Kuchen					
c	Wurst					
d	Eis					
e	Essig					
f	Pommes frites					
g	Schokolade					
h	Zwiebel					

20 Der s-Laut

a Hören Sie und sprechen Sie nach. Wie spricht man s und wie s?

1 das Glas – das Messer – der Reis – das Eis – der Bus – die Straße
2 der Salat – das Gemüse – der Käse – am Sonntag – die Pause – die Bluse

b Hören Sie und sprechen Sie nach.

1 Ich sitze im Sessel und sehe fern.
2 Der Saft ist süß.
3 Meistens trinke ich morgens ein Glas Orangensaft.
4 Der Essig ist sehr sauer.
5 Susanne ist satt.

c Hören Sie und ergänzen Sie: s – ss – ß.

1 Du trinkst ja nur Mineralwa_ss_er und i____t nur Brot.
  Was i____t denn pa____iert?
2 Rei____en ist mein Hobby. Das macht mir Spa____.
  Ich habe schon drei____ig Städte be____ucht.
3 Hallo, Susanne. Du mu____t schnell nach Hau____e kommen,
  ich habe schon wieder meinen Schlü____el verge____en.

21 Sie hören drei Aussagen. Zu jeder Aussage gibt es eine Aufgabe.
Welche Lösung (a, b oder c) passt am besten?

1 Was kostet 11,90 Euro?
  a ○ Ein vegetarisches Gericht und eine Nachspeise.
  b ○ Ein vegetarisches Gericht, eine Nachspeise und Kaffee oder Espresso.
  c ○ Ein vegetarisches Gericht und ein Getränk mit Alkohol.
2 Was möchte die Frau?
  a ○ Mit Dany ins Kino gehen.
  b ○ Mit Dany ins Restaurant gehen.
  c ○ Zu Hause kochen.
3 Sie möchten etwas bestellen. Was sollen Sie machen?
  a ○ Die 1 drücken.
  b ○ Die 2 drücken.
  c ○ Mit einem Mitarbeiter sprechen.

22 Ergänzen Sie: Punkt (.), Komma (,) oder Fragezeichen (?).

Sind Sie bei deutschen Freunden zum Essen eingeladen ⊙?
Glückwunsch ○ Kaufen Sie ein kleines Geschenk ○ zum Beispiel
Blumen ○ Schokolade oder Wein ○ Kommen Sie bitte
pünktlich ○ denn das ist höflich ○ Sie Essen kein Fleisch ○
Kein Problem ○ Sagen Sie das dem Gastgeber vorher ○

einhundertdreiunddreißig 133

E Auswärts essen

23 Was bestellen die Frauen? Hören Sie und schreiben Sie.

Frau 1: zwei Brötchen, _____

Frau 2: _____

24 Im Restaurant

a Ordnen Sie zu.

bezahlen   ~~bestellen~~   reklamieren

1
bestellen

2

3

b Ordnen Sie die Situationen in a den Sätzen zu und schreiben Sie die Gespräche 1–3.

1 Ich möchte bitte bestellen.	3 Wir möchten bitte zahlen.	Und was möchten Sie essen?
2 Entschuldigung, aber der Tisch ist nicht sauber.	Einen Apfelsaft, bitte.	Stimmt so.
Das macht 13,60 €.	Oh, das tut mir leid. Ich putze ihn gleich.	Zusammen.
Gern. Was darf ich Ihnen bringen?	Ich nehme einen Hamburger mit Salat, bitte.
Zusammen oder getrennt?	Vielen Dank. Das ist sehr nett.

Gespräch 1
◇ Ich möchte bitte bestellen.
○ …

Gespräch 2
◇ Entschuldigung, aber der
  Tisch ist nicht sauber.
○ …

Gespräch 3
◇ Wir möchten bitte zahlen.
○ …

Test Lektion 3

1 Was passt nicht? Streichen Sie.

a der Löffel ~~die Tasse~~ das Messer die Gabel
b süß frisch salzig scharf
c oft selten immer fast
d abends morgens meistens mittags

Wörter
...... / 3 Punkte
● 0 – 1
● 2
● 3

2 Ergänzen Sie in der richtigen Form: ein-, kein-, welch-.

a ◆ Wo sind die Orangen?
  ○ Wir haben _keine_ mehr.
b ◆ Gibst du mir bitte einen Löffel?
  ○ Einen Löffel? Hier ist ....
c ◆ Ich möchte einen Tee. Du auch?
  ○ Ja, ich trinke auch gern ....
d ◆ Haben wir noch Nüsse?
  ○ Ja, im Schrank sind noch ....
e ◆ Ich esse jetzt ein Müsli.
  ○ Gute Idee, ich esse auch ....
f ◆ Wo ist denn meine Tasse?
  ○ Keine Ahnung. Ich sehe hier ....

Grammatik
...... / 5 Punkte
● 0 – 2
● 3
● 4 – 5

3 Ordnen Sie das Gespräch.

④ ○ Hmmm, was riecht denn hier so gut?
① ◆ Hallo, Simona, komm rein, bitte!
○ ○ Ja, sehr gern sogar!
○ ○ Hallo, Julia. Hier, die sind für dich.
○ ◆ Was möchtest du trinken? Wein, Bier, Wasser, Saft?
○ ◆ Ich habe Rindfleisch gemacht. Das magst du doch gern, oder?
○ ○ Gern ein Glas Wasser.
○ ◆ Oh, Blumen, wie schön. Danke, das ist aber nett!

Kommunikation
...... / 6 Punkte

4 Ordnen Sie zu.

möchten bitte zahlen Das macht darf ich Ihnen bringen
~~Wir hätten gern~~ Zusammen oder getrennt zu trinken

a ◆ Was .... ?
  ○ _Wir hätten gern_ den Salat und das Schnitzel.
  ◆ Und .... ?
b ○ Wir ....
  ◆ .... ?
  ○ Zusammen.
  ◆ .... 34,60 Euro.

...... / 5 Punkte
● 0 – 5
● 6 – 8
● 9 – 11

einhundertfünfunddreißig 135

A **Wenn** es ein Problem gibt, **dann** …

1 Wann fährt Silke wie zur Arbeit? Ordnen Sie zu.

wenn es schneit   wenn es regnet   wenn die Sonne scheint

A   Ich fahre mit dem Rad, _____ .

B   Ich nehme die U-Bahn, _____ .

C   Ich fahre mit dem Bus, _____ .

2 Wenn …

a Ergänzen Sie.

1 Manchmal bin ich noch müde.
   Ich komme am Morgen ins Hotel.
   → Manchmal bin ich noch müde,
   wenn ich am Morgen ins Hotel *komme* .
2 Ich hole die Chefin. Es gibt einen Notfall.
   → Ich hole die Chefin, wenn es einen Notfall _____ .
3 Ich habe viel Stress. Viele Gäste kommen an.
   → Ich habe viel Stress, wenn viele Gäste _____ .
4 Ich sage: „Entschuldigung." Ich habe einen Namen falsch geschrieben.
   → Ich sage: „Entschuldigung", wenn ich einen Namen falsch geschrieben _____ .

b Schreiben Sie die Sätze aus a neu.

1 *Wenn ich am Morgen ins Hotel komme* , bin ich manchmal noch müde.
2 _____ ,
   hole ich die Chefin.
3 _____ ,
   habe ich viel Stress.
4 _____ ,
   sage ich „Entschuldigung."

Arbeitswelt 4

3 Fragen an den Chef: Schreiben Sie Antworten.

a ◆ Kann ich heute schon um 16 Uhr gehen?
○ Ja, wenn Sie mit der Arbeit fertig sind.
(sein – mit der Arbeit – fertig – Sie)

b ◆ Kann ich am Montag einen Tag Urlaub haben?
○ Ja, wenn _____.
(da – sein – Frau Volb)

c ◆ Kann ich auch manchmal einen Tag zu Hause arbeiten?
○ Ja, wenn _____.
(können – wir – dann – Sie – anrufen)

d ◆ Ich muss morgen um 11 Uhr zum Arzt. Geht das?
○ Ja, natürlich, wenn _____.
(frei – kein anderer Termin – sein)

e ◆ Kann ich heute länger Mittagspause machen?
○ Ja, wenn _____.
(gehen – später – nachmittags – nach Hause – dann – Sie)

4 Schreiben Sie Sätze mit *wenn*.

a Ergänzen Sie.

1  Lissi ist glücklich, wenn sie Geburtstag hat.

2  Tim und Tom sind traurig, wenn

3  Martin und Eva sind glücklich, wenn

4  Claudio und die Kinder sind traurig, wenn

b Wann sind Sie glücklich/traurig? Ergänzen Sie.

Ich bin immer dann glücklich, wenn _____

Ich bin immer traurig, wenn _____

einhundertsiebenunddreißig 137

A

5 Immer habe ich Pech!
Schreiben Sie die Sätze neu.

a Ich komme zu spät, wenn ich mit dem Bus zur Arbeit fahre.
Immer wenn ich mit dem Bus zur Arbeit fahre, _komme ich zu spät_.

b Es regnet, wenn ich das Fahrrad nehmen will.
Immer wenn ich das Fahrrad nehmen will, _____.

c Ich muss arbeiten, wenn meine Freunde eine Party machen.
Immer wenn meine Freunde eine Party machen, _____.

d Sie haben keine Zeit, wenn ich freihabe.
Immer wenn ich freihabe, _____.

e Mein Chef ist nicht da, wenn ich eine Frage habe.
Immer wenn ich eine Frage habe, _____.

f Etwas geht kaputt, wenn kein Techniker da ist.
Immer wenn kein Techniker da ist, _____.

g Wir haben zu viel Arbeit, wenn ich Urlaub nehmen will.
Immer wenn ich Urlaub nehmen will, _____.

h Ich habe kein Geld, wenn ich Urlaub nehmen kann.
Und immer wenn ich Urlaub nehmen kann, _____.

6 Schreiben Sie Sätze mit *wenn*.

a Ich brauche Papier für den Drucker. → Ich gehe zu Frau Kraus.
Wenn _ich Papier für den Drucker brauche, (dann) gehe ich zu Frau Kraus._

b Ich komme morgens ins Büro. → Ich schalte den Computer an.
Wenn _____

c Etwas ist kaputt. → Ich rufe den Hausmeister an.
Wenn _____

d Ich habe etwas nicht verstanden. → Ich frage einen anderen Kursteilnehmer.
Wenn _____

e Ich kann nicht zum Deutschkurs kommen. → Ich schreibe eine Entschuldigung.
Wenn _____

f Ich komme zu spät. → Ich rufe an.
Wenn _____

B Du **solltest** jetzt Karla holen.

7 Ordnen Sie zu.

Agentur   Bekannte   Bewerbung   nutzen   Plattform
regelmäßig   ~~Stelle~~   Termin   Tipp   Zettel

a Suchen Sie eine neue _Stelle_ ? Schicken Sie einfach eine _____ an eine Firma oder rufen Sie dort an.
b Bei der _____ für Arbeit finden Sie eine Online-_____ mit Stellenangeboten.
c Lesen Sie _____ die Angebote von der Agentur für Arbeit und _____ Sie auch die Homepages von Zeitarbeitsfirmen.
d Noch ein _____: In vielen Supermärkten hängen _____ mit Stellenangeboten.
e Oder sprechen Sie mit einem Berufsberater. Machen Sie aber vorher einen _____ aus.
f Informieren Sie Freunde, Nachbarn und _____ über Ihre Jobsuche.

8 Ergänzen Sie.

a Am ersten Arbeitstag sollt_e_ man sich allen Kollegen vorstellen.
b Wenn Sie Arbeit suchen, sollt_____ Sie auch auf Aushänge im Supermarkt achten.
c Wir sollt_____ vielleicht auch zur Agentur für Arbeit gehen.
d Ihr sollt_____ immer höflich bleiben, wenn ihr mit Kunden sprecht.
e Du sollt_____ Frau Nawaz jetzt nicht stören. Sie ist in einer Besprechung.
f Wenn Elias zu spät zur Arbeit kommt, sollt_____ er sich entschuldigen.

9 Schreiben Sie Ratschläge mit *sollte-*.

A   B   C   D   E

a Sie _sollten im Büro die Füße nicht auf den Tisch legen._
   (im Büro – nicht auf den Tisch – legen – die Füße)
b Du _____
   (nehmen – lieber – diesen Rock)
c Sie _____
   (nicht so viel – rauchen)
d Ihr _____
   (zum Training – kommen – jeden Tag)
e Milena _____
   (nicht – essen – am Schreibtisch)

C Stellenanzeigen

10 Finden Sie noch sieben Berufe und ergänzen Sie die Tabelle.

V	O	R	M	L	A	R	E	K	Z	U
E	M	A	U	R	E	R	X	E	T	T
R	U	A	F	F	M	P	O	L	N	E
K	C	R	S	H	A	P	I	L	K	C
Ä	R	Z	N	A	L	M	B	N	E	I
U	Ä	T	Ö	N	E	S	R	E	N	M
F	Ü	B	G	W	R	A	H	R	U	R
E	T	P	O	L	I	Z	I	S	T	T
R	S	C	H	L	O	K	O	C	H	S
H	A	U	S	M	E	I	S	T	E	R

der Maler	die Malerin

11 Welches Wort passt nicht? Streichen Sie es.

a • Verdienst • Gehalt • ~~Arbeitszeiten~~
b • Azubi • Verpflegung • Ausbildung
c • Berufsschule • Abschluss • Berufserfahrung
d • Pünktlichkeit • Spätdienst • Frühschicht

12 Verbinden Sie.

a Berufserfahrung   1 beginnen
b Zusatzleistungen   2 verbessern
c sein Deutsch   3 werden wollen
d einen Azubi   4 kündigen
e gute Deutschkenntnisse   5 suchen
f Friseurin   6 bieten
g seinen Job   7 haben
h ein Studium   8 haben

13 Ordnen Sie zu.

Aufgaben | ~~Bau~~ | bieten | Deutschkenntnisse | Extras | schriftliche | Vorteil

MITARBEITER/-IN ODER HELFER/-IN für den Bau (a) gesucht

Ihre _____ (b):
Maurerarbeiten, Malerarbeiten, Reparaturen

Wichtig: gute _____ (c)
Führerschein von _____ (d)
Wir _____ (e) einen sicheren Arbeitsplatz
in einem netten Team und viele _____ (f).

Schicken Sie Ihre _____ (g)
Bewerbung bitte an: Willibald Meggel, Bahnhofstr. 11, 82380 Peiting
oder per E-Mail an: willibald@meggel.netz

14 Markieren Sie die Wörter. Schreiben Sie dann Sätze.

richtig schreiben

WENNMANEINSTELLENANGEBOTBEKOMMT,SOLLTEMAN
VIELEFRAGENSTELLEN:WIESINDDIEARBEITSZEITEN?WIE
ISTDIEBEZAHLUNG?BIETETDIEFIRMAZUSATZLEISTUNGEN?

Wenn man ein _____

15 Sie hören drei kurze Texte. Sie hören jeden Text zweimal.

1 ▶ 18–20

Prüfung GZ Hören, Teil 1

Wählen Sie für die Aufgaben 1–3 die richtige Lösung a, b oder c.

1 Was soll Frau Bauer machen?
   a ○ Sie soll heute zur Berufsberaterin kommen.
   b ○ Sie soll zurückrufen.
   c ○ Sie soll einen Termin anbieten.

2 Sie möchten einen Termin bei der Agentur für Arbeit. Was können Sie tun?
   a ○ Nachmittags anrufen.
   b ○ Eine E-Mail schicken.
   c ○ Online einen Termin machen.

3 Wann soll Frau Stojkovic nächste Woche arbeiten?
   a ○ Im Spätdienst.
   b ○ Am Vormittag.
   c ○ Von 23 bis 7 Uhr.

C

16 Hicran Selçuk sucht eine Arbeit.

a Lesen Sie die Anzeige und die E-Mail und markieren Sie.

1 Wie alt ist Hicran?
2 Seit wann ist sie in Deutschland?
3 Wie sind ihre Deutschkenntnisse?
4 Was ist ihre Berufserfahrung?

> **Hotel Post**
> Freundliche und flexible Küchenhilfe
> in Teilzeit (20 Std., auch Sa/So) gesucht.
> Bewerbungen bitte per E-Mail an
> Ilse Bauer: Bauer@hotel-post.de

E-Mail senden

Sehr geehrte Frau Bauer,
ich bewerbe mich um die Stelle als Küchenhilfe in Ihrem Restaurant. Ich bin 24 Jahre alt und lebe seit vier Jahren in Deutschland. Seit zwei Jahren besuche ich regelmäßig einen Deutschkurs und ich spreche inzwischen gut Deutsch. In der Türkei habe ich drei Jahre im Restaurant von meinem Onkel gearbeitet und Gerichte zubereitet. Ich habe schon viel Erfahrung und die Arbeit in der Küche hat mir immer Spaß gemacht. Ich bin flexibel und arbeite auch gern am Wochenende.
Mit freundlichen Grüßen
Hicran Selçuk

b Frau Bauer hat Hicran zu einem Gespräch eingeladen. Hicran antwortet per E-Mail. Schreiben Sie Hicrans E-Mail.

~~Frau Bauer – geehrte – Sehr –~~ , → Dank – für – E-Mail – vielen – Ihre – . → komme – um – Sehr gern – am – ich – zu dem Gespräch – 28.2. – 17 Uhr – . → für – die Einladung – Besten – Dank – ! auf – Gespräch – Ich – mich – freue – unser – . → Grüßen – freundlichen – Mit → Hicran Selçuk

E-Mail senden

Sehr geehrte Frau Bauer,

D Telefongespräche

17 Ergänzen Sie: *schon – noch nicht.*

a ◆ Guten Morgen, Nadja. Sag mal, ist Herr Steiner _schon_ da?
  ○ Nein, der ist _____ da. Er kommt immer erst nach 9 Uhr!

b ◆ Hast du deine Hausaufgaben _____ gemacht?
  ○ Nein, _____, aber ich mache sie heute Abend.
    Jetzt gehe ich mit Fritz Fußball spielen.

18 Jemand hat angerufen.
Ergänzen Sie: *jemand – niemand – etwas – nichts.*

a ◆ Vor fünf Minuten hat _jemand_ für dich angerufen.
  ○ So? Wer denn?

b ◆ Ich habe uns _____ zu essen mitgebracht.
  ○ Vielen Dank, das ist sehr nett. Aber ich möchte jetzt _____.
    Ich habe gerade _____ gegessen.

c ◆ Was hat er gesagt? Hast du _____ verstanden?
  ○ Nein, tut mir leid, ich habe auch _____ verstanden.

d ◆ Hallo, ist da _____?
  ○ Komm, wir gehen rein, ich glaube, hier ist _____.

19 Was passt? Umkreisen Sie.

a
◆ Guten Tag, Böhler hier. Können Sie mich bitte mit Frau Lange (verbinden?) sprechen?
○ Tut mir leid, Frau Lange ist nicht zu Hause. im Haus.
  Kann ich etwas zurückrufen? ausrichten?
◆ Nein danke. Aber vielleicht können Sie mir Frau Langes Durchwahl Anruf geben?
○ Ja, gern. Das ist die 122.

b
◆ Hallo, mein Name ist Nemati. Kann ich bitte jemanden niemanden
  aus der Personalabteilung sprechen?
○ Tut mir leid, im Moment ist niemand da. nicht da.
◆ Okay. Ich rufe versuche es später noch einmal.

c
◆ Guten Tag. Hier spricht Hier redet Berhane Bekele. Ist Frau Senft da?
○ Nein, sie ist gerade nicht am Ort. am Platz.

einhundertdreiundvierzig 143

D

20 Ein Telefongespräch

a Wer sagt was? Lesen Sie und ergänzen Sie:
Sekretärin (S), Anruferin (A).

② _____ Guten Tag, hier spricht Frau Grahl. Können Sie mich bitte mit Frau Pauli verbinden?
○ _____ Nein, danke. Ist denn sonst noch jemand aus der Abteilung da?
○ _____ Ja, gern, das ist die 301. Also 9602-301.
○ _____ Tut mir leid, Frau Pauli ist gerade nicht am Platz. Kann ich ihr etwas ausrichten?
○ _____ Auf Wiederhören.
① __S__ Firma Hens und Partner, Maurer, guten Tag.
○ _____ Nein, es ist gerade Mittagspause. Da ist im Moment niemand da.
○ _____ Gut, ich versuche es später noch einmal. Geben Sie mir doch bitte die Durchwahl von Frau Pauli.
○ _____ Vielen Dank, Frau Maurer. Auf Wiederhören!

b Ordnen Sie und schreiben Sie das Gespräch.

S: Firma Hens und Partner,
   Maurer, guten Tag.
A: Guten Tag, hier spricht ...

LERNTIPP Lernen Sie wichtige Sätze für ein Telefongespräch. So fühlen Sie sich sicher, wenn Sie ein Telefongespräch auf Deutsch führen müssen.

21 Der Laut _ch_

a Hören Sie und sprechen Sie nach. Wie spricht man _ch_ und wie _ch_?

1 ich – auch   dich – doch   nicht – noch   sprechen – suchen   ausrichten – achten
2 Wir suchen zum nächstmöglichen Zeitpunkt eine freundliche Aushilfe.

b Hören Sie und schreiben Sie.

◆ Guten Morgen. Hier **spricht** Peters. _____ Herrn Meier _____.
   Können Sie _____ bitte verbinden?
○ Herr Meier ist _____ da.
   Kann _____ etwas _____?
◆ Nein danke. _____ es später _____ einmal.

c Lesen Sie das Gespräch laut.

E Arbeit und Freizeit

22 Was ist richtig? Hören Sie und kreuzen Sie an.

1 ▶ 24

a Warum möchte Frau Belhedi Urlaub nehmen?
   ○ Sie bekommt Besuch aus Tunesien.
   ○ Sie möchte nach Tunesien fahren.

b Was ist das Problem?
   ○ Ihre Kollegin ist nicht da.
   ○ Frau Belhedi hat keine Urlaubstage mehr.

c Was ist die Lösung?
   ○ Die Kollegin arbeitet für Frau Belhedi.
   ○ Frau Belhedi kann ihre Überstunden für Urlaub nutzen, wenn die Kollegin für sie arbeitet.

23 Lösen Sie das Rätsel.

A Diese Person macht eine Ausbildung.
B Die freie Zeit nach einem Arbeitstag.
C Ein anderes Wort für „Bezahlung" / „Verdienst".
D Das hat man am Ende von einer Schule oder Ausbildung: einen …
E Das muss man bei der Arbeit tun: seine … machen.
F Wenn man bei einer Firma angestellt ist, ist man ein …

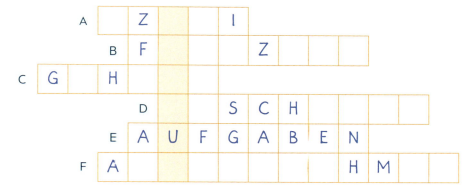

24 Wie heißen die Wörter? Ergänzen Sie.

◆ Wie viele Stunden arbeiten die Deutschen pro Tag?
○ Ich habe keine **Ahnung** (nungAh). Ich bin kein _____ (nehArmerbeit). Ich bin _____ (digstänselbst). Da arbeitet man meistens sehr viel und oft auch am Wochenende.
◆ Ich denke, wenn man Vollzeit arbeitet, arbeitet man _____ (schnittdurchlich) acht Stunden. Aber viele _____ (schenMen) machen Überstunden und arbeiten mehr.
○ Stimmt. Ich habe gehört: Wenn jemand _____ (zeitTeil) arbeitet, arbeitet er meistens viel mehr.
◆ Oder er arbeitet schnell und besser als die _____ (leKolgen). Denn was bedeutet schon Zeit? Man kann in vier Stunden sehr viel arbeiten – oder sehr wenig.

Test Lektion 4

1 Ordnen Sie zu.

Zusatzleistungen   Verpflegung   Tipp   regelmäßig   Durchschnittlich   ~~Arbeitnehmer~~

a ◆ Wie viele Stunden arbeiten deutsche _Arbeitnehmer_?
　○ _____ sind es 35 bis 40 Stunden.

b ◆ Du, Lena, ich suche eine Stelle. Was soll ich machen?
　　Hast du einen _____?
　○ Du solltest _____ die Stellenangebote im Internet lesen.

c ◆ Meine Firma bietet tolle _____, zum Beispiel die _____.
　○ Super! Du hast wirklich Glück.

Wörter
___ / 5 Punkte

● 0–2
● 3
● 4–5

2 Schreiben Sie Sätze mit _wenn_.

a Niemand soll mich stören. Ich bin in einer Besprechung.
Niemand soll mich stören,
wenn _ich in einer Besprechung bin._

b Sie suchen Arbeit? Lesen Sie regelmäßig die Stellenanzeigen.
Wenn _____,
dann _____.

c Sie haben etwas nicht verstanden? Sie sollten nachfragen.
Wenn _____,
dann _____.

d Ich nehme einen Tag frei. Ich habe viele Überstunden gemacht.
_____,
wenn _____.

Grammatik
___ / 3 Punkte

● 0–1
● 2
● 3

3 Wie kann man auch sagen? Verbinden Sie.

a Können Sie mich bitte mit Frau Roth verbinden?
b Ist Frau Roth im Haus?
c Versuchen Sie es bitte später noch einmal.
d Kann ich etwas ausrichten?
e Können Sie mir ihre Durchwahl geben?

1 Möchten Sie eine Nachricht hinterlassen?
2 Kann ich ihre Telefonnummer haben?
3 Ist Frau Roth da?
4 Rufen Sie bitte später noch einmal an.
5 Kann ich bitte mit Frau Roth sprechen?

Kommunikation
___ / 4 Punkte

● 0–2
● 3
● 4

AB 146 einhundertsechsundvierzig

A Ich **bewege mich** zurzeit nicht genug.

Sport und Fitness 5

1 Gesund leben
a Ordnen Sie zu.

- ◆ Ihr bewegt euch zu wenig! Geht doch mal in den Garten.
- ○ Das stimmt nicht! Wir bewegen uns wirklich genug und sind auch sehr sportlich!

- ◆ Mir geht's nicht so gut.
- ○ Vielleicht bewegst du dich zu wenig?

- ◆ Wie geht's Klaus? Spielt er noch Basketball?
- ○ Nein, er fühlt sich nicht so gut.

3 ◆ Ach, Herr Doktor, ich fühle mich gar nicht gut.
- ○ Vielleicht bewegen Sie sich nicht genug? Sie sollten jeden Tag spazieren gehen.

b Markieren Sie in a und ergänzen Sie.

ich	fühle _____	wir	bewegen _____
du	bewegst _____	ihr	bewegt euch
er/es/sie	fühlt _____	sie/Sie	bewegen _____

2 Ordnen Sie zu.

~~dich~~   mich   sich   sich

a ◆ Hast du _dich_ schon für den Tanzkurs im Latin-Dance-Club angemeldet?
   ○ Ja, ich freue _____ schon sehr.

b ◆ Frau Al-Halabi, wie fühlen Sie _____ heute?
   ○ Danke, gut.

c ◆ Lars hat Rückenschmerzen.
   ○ Ja, klar. Er sitzt zu viel und bewegt _____ zu wenig.

einhundertsiebenundvierzig 147

A

3 Ergänzen Sie.

♦ Ach, Ines. Ich fühle _mich_ zurzeit nicht gut und
ich schlafe auch schlecht.
○ Vielleicht bewegst du _____ zu wenig?
♦ Ja, das kann sein. Ich bin abends oft müde.
Ich lege _____ dann oft sofort ins Bett.
Ich muss mehr für meine Gesundheit tun.
○ Oje! Also, ich bin zurzeit richtig fit. Meine Kollegin
Mira ernährt _____ schon lange sehr gesund und hat mir
viele Ernährungs-Tipps gegeben. Und ich mache jetzt mehr Sport.
Wir können _____ ja mal mit Mira zum Schwimmen verabreden.
Ihr lernt _____ dann endlich kennen!

4 Ich fühle mich zurzeit nicht gut.

a Schreiben Sie die Sätze neu.

1 Ich **fühle** mich **zurzeit** nicht gut.
   Zurzeit **fühle** ich mich nicht gut.

2 Ich lege mich dann oft sofort ins Bett.
   Dann _____

3 Mira ernährt sich schon lange gesund.
   Schon lange _____

4 Ihr lernt euch dann endlich kennen.
   Dann _____

b Markieren Sie in a wie im Beispiel.

5 Schreiben Sie Sätze.

a ernähren – Ab heute – wir – gesund – uns
   Ab heute ernähren wir uns gesund.

b habe – ich – Am Samstag – mit Kollegen – verabredet – mich
   _____.

c ruht – sich – Sie – aus – mittags immer
   _____.

d du – dich – angemeldet – zum Deutschkurs – Hast
   _____?

e Simon und Isa – sich – heute – fühlen – sehr gut
   _____.

f Legt – an kalten Tagen – ihr – auch so gern – euch – in die Badewanne
   _____?

6 Fit bleiben

a Schreiben Sie Sätze.

1 sich öfter ausruhen (Sie) — Ruhen Sie sich öfter aus!
2 nicht rauchen (du)
3 sich gesund ernähren (ihr)
4 sich viel bewegen (du)
5 Spaziergänge machen (Sie)
6 genug schlafen (ihr)

b Schreiben Sie die Sätze aus a mit *sollten*.

1 Sie sollten sich öfter ausruhen.
2 Du solltest
3
4
5
6

c Schreiben Sie die Sätze aus a neu.

1 Man bleibt fit, wenn man sich öfter ausruht.
2 Man bleibt fit,
3 Man bleibt fit,
4 Man bleibt fit,
5 Man bleibt fit,
6 Man bleibt fit,

7 Was macht man mit diesen Dingen? Ergänzen Sie.

A

sich schminken

C

B

D

A

8 Ordnen Sie zu.

~~Der Vater zieht die Kinder an.~~   Die Mutter kämmt ihre Tochter.
Sie schminkt sich.   ~~Der Vater zieht sich an.~~   Sie schminkt den Schauspieler.
Er wäscht das Baby.   Sie kämmt sich.   Er wäscht sich.

A  Der Vater zieht die Kinder an.

 Der Vater zieht sich an.

B

C

D

9 Hören Sie und schreiben Sie.

richtig schreiben

◆ Mensch, Leo, wo bleibst du?
  Wir müssen uns _____.
○ Moment, ich muss _____ noch _____.
◆ Aber _____!
  Meine Elterrn _____ _____ sonst wieder,
  weil wir _____ sind.
○ _____ nicht.
  Ich _____ ja.

B Ich **interessiere mich** sehr **für** den Tanzsport.

10 Ordnen Sie zu.

~~dich ... für~~   mich ... für   sich ... für   euch ... für   sich ... für

a ◆ Interessierst du _dich_ eigentlich _für_ den Tanzsport?
  ○ Ja, sehr. Aber mein Mann interessiert _____ leider überhaupt nicht _____ das Tanzen.

b ◆ Interessiert ihr _____ nicht _____ die Weltmeisterschaft?
  ○ Nein, eigentlich nicht.
  ▲ Doch! Ich interessiere _____ sehr _____ die Weltmeisterschaft.

c ◆ Rabia hat Geburtstag. Wollen wir sie ins Theater einladen?
  ○ Ich glaube, sie interessiert _____ mehr _____ Kinofilme.

11 Ordnen Sie zu.

~~Erzähl~~   freue   zufrieden   ärgere   warten   beschweren   interessiert   treffe   konzentrieren

◆ Wie geht's? _Erzähl_ doch mal von deinem neuen Job.
○ Ich bin _____ mit dem Job. Auch über meinen Chef kann ich mich nicht _____. Nur über das Essen in der Kantine _____ ich mich manchmal. Das ist nicht so lecker. Morgen _____ ich mich mit einer Kollegin. Wir gehen ins Stadtmuseum. Sie _____ sich auch für Geschichte.
◆ Klingt gut. Aber du siehst müde aus.
○ Ja, in den ersten Wochen ist natürlich alles neu und ich muss mich sehr _____. Ich _____ mich schon auf meinen Urlaub.
◆ Auf deinen Urlaub musst du ja noch ein paar Monate _____.
○ Richtig, aber das macht nichts. Ich arbeite gern.

12 Ergänzen Sie: *auf – für – mit – über – von*.

> E-Mail senden
>
> Liebe Tulia,
> jetzt habe ich endlich Zeit und erzähle Dir ein bisschen _____ unserem neuen Wohnort. Wir sind sehr zufrieden _____ der Wohnung. Jetzt haben wir mehr Platz und _über_ die Miete können wir uns auch nicht beschweren. Unsere Kinder sind glücklich! Kai und Jonas interessieren sich nur noch _____ den Sportplatz hinter dem Haus. Dort treffen sie sich _____ ihrer neuen Fußballmannschaft. Eigentlich ist alles toll, ich ärgere mich nur manchmal _____ meinen Arbeitsweg. Heute habe ich eine halbe Stunde _____ den Bus gewartet. Ich freue mich schon _____ den Sommer. Dann fahre ich mit dem Fahrrad!
> Viele Grüße und bis bald, Valeria

einhunderteinundfünfzig 151 AB

B

13 Was ist richtig? Umkreisen Sie.

a Ich freue mich auf (den Urlaub.) dem Urlaub.
b Hast du dich gestern mit die Kollegin der Kollegin getroffen?
c Du hast noch gar nicht von den neuen Job dem neuen Job erzählt.
d Mein Mann ärgert sich oft über die Nachbarin. der Nachbarin.
e Wir warten jetzt schon zwei Stunden auf den Bus. dem Bus.
f Es hat nicht geschmeckt, aber wir haben uns nicht über das Essen dem Essen beschwert.

14 Ergänzen Sie.

a ◆ Was ist los? Warum schaust du so?
  ○ Ach, ich ärgere mich über _das_ ● Wetter. Ich habe mich so auf _____ ● Ausflug am Samstag gefreut. Und jetzt sagt die Wettervorhersage: Es regnet.
  ◆ Wir könnten am Samstag ins Kino gehen. Ich habe dir doch von _____ ● Film erzählt: Blaue Nacht. Den möchte ich gern sehen.
  ○ Für _____ ● Film interessiere ich mich leider nicht so. Aber in einen anderen Film können wir gern gehen.

b ◆ Und? Bist du mit _____ ● Waschmaschine zufrieden?
  ○ Ja. Ich habe vier Wochen auf _____ ● Maschine gewartet, aber das ist in Ordnung, denn sie wäscht sehr gut. Und du? Hast du nicht einen neuen Fernseher gekauft?
  ◆ Ja, aber er ist noch nicht gekommen. Ich habe mich schon über _____ ● Service beschwert. Morgen soll der Fernseher kommen. Hoffentlich.

15 Ordnen Sie zu und ergänzen Sie *mit* oder *über*.

deinem ~~der~~ dich dir ihr mir mich meinem

a ◆ Hast du heute schon _mit_ _der_ neuen Kollegin gesprochen?
  ○ Ja, ich habe heute Nachmittag _____ telefoniert.
b ◆ Nils, dein Klassenlehrer hat sich _____ beschwert.
  ○ _____ ? Warum das denn?
c ◆ Hey, Lina, ich spreche _____ !
  ○ _____ ? Ich habe nichts gehört.
d ◆ Bist du eigentlich zufrieden _____ Job?
  ○ Nein, ich bin leider überhaupt nicht zufrieden _____ Job.

AB 152 einhundertzweiundfünfzig

16 Schreiben Sie Sätze.

a Murat – sich – die Sportnachrichten – sehr – interessiert – für
   Murat interessiert sich sehr für die Sportnachrichten.

b treffe – Ich – morgen – mit – Franka – mich

c haben – lange – auf – Wir – gewartet – den Bus

d Meine Freundin – oft – erzählt – ihren Kindern – von

e Ich – für andere Länder – interessiere – sehr – mich

f Marina – verabredet – sich – mit – hat – einem Kollegen

g Ahmed – auf die Ferien – sich – sehr – freut

h konzentriert – Tatjana – sich – auf die Arbeit

17 Ergänzen Sie: *ihm – ihr – ihn – sie*.

a
Ich habe drei Stunden auf _sie_ gewartet. Ich war
mit _____ verabredet. Aber sie ist nicht gekommen.
Traurig, denn ich habe mich so auf _____ gefreut.
Ich muss immer an _____ denken. Nachts träume
ich von _____.

b
◆ Ich ärgere mich über _____, weil er nicht genug
   lernt. Sein Lehrer hat sich schon über _____
   beschwert. Er ist nicht zufrieden mit _____.
○ Aha, der Lehrer! Unser Sohn hat Angst vor _____.
   Findest du das gut?

18 Ergänzen Sie.

a ◆ _Wofür_ interessierst du dich?   ○ Für Bücher.
b ◆ _____ denkst du gerade?   ○ An das Basketballspiel gestern.
c ◆ _____ hast du Angst?   ○ Vor Hunden.
d ◆ _____ freust du dich so?   ○ Über mein neues Kleid.
e ◆ _____ träumst du?   ○ Von einem Tag ohne Arbeit.
f ◆ _____ hast du Lust?   ○ Auf Pizza.

C Darauf habe ich keine Lust.

19 *Wo-* und *Da-*

a Ordnen Sie zu.

worauf   darauf   ~~wofür~~   Woran   darüber   ~~dafür~~   Daran   worüber

1 ◆ _Wofür_ interessierst du dich?
  ○ Für Tennis.
  ◆ _Dafür_ interessiere ich mich eigentlich nicht so sehr.

2 ◆ Morgen fahren wir in den Urlaub. _____ müssen wir noch denken?
  ○ An das Geld.
  ◆ Sehr gut! _____ habe ich gar nicht gedacht.

3 ◆ Sag mal, _____ ärgerst du dich denn so?
  ○ Über das schlechte Fußballspiel.
  ◆ Ach, _____ solltest du dich nicht ärgern!

4 ◆ Und _____ freust du dich jetzt?
  ○ Auf die Pause!
  ◆ Ja, _____ freue ich mich auch sehr.

b Ergänzen Sie aus a.

1 ⚠ wo + für = _wofür_   ⚠ da + für = _____
2 wo + r + an = _____   da + r + auf = _darauf_
3 wo + r + über = _____   da + r + an = _____
4 wo + r + auf = _worauf_   da + r + über = _____

20 Was ist richtig? Umkreisen Sie.

a ◆ Dafür (Wofür) interessierst du dich?
  ○ Für Musikvideos.

b ◆ Ich habe Angst vor der Prüfung.
  ○ Ja, davor / wovor habe ich auch Angst.

c ◆ Darauf / Worauf freust du dich?
  ○ Auf den Sommerurlaub. Freust du dich nicht darauf? / worauf?

d ◆ Daran / Woran hast du dich gerade erinnert?
  ○ An unseren Urlaub. Daran / Woran erinnere ich mich immer gern.

21 Ergänzen Sie.

a Sport? _Dafür_ interessiere ich mich nicht.
b Gymnastik? _____ habe ich keine Lust.
c Regen! _____ freue ich mich jedes Mal.
d Die Zeit als Azubi – _____ erinnere ich mich überhaupt nicht gern.
e Mein Job? Ja, _____ bin ich sehr zufrieden.

22 Ordnen Sie zu.

Tennis | ~~einen Spaziergang~~ | Gymnastik | joggen | ein Probetraining | zum Probetraining
Volleyball | ins Schwimmbad | Sport | eine Pause | spazieren | Gitarre

machen	gehen	spielen
einen Spaziergang		

23 r – rr, s – ss, l – ll …

richtig schreiben

a Schreiben Sie: r – rr, s – ss, l – ll, n – nn, m – mm, p – pp, f – ff, t – tt.

1 ◆ Inte**ress**ierst du dich für Ba_____ketba_____?
 ○ Nein, aber ich mag Te_____is.

2 ◆ Freust du dich auf die Fe_____ien?
 ○ Ja, ich fahre mit meinen Ma_____scha_____tsko_____egen
 in ein So_____er-Training.

3 ◆ Wa_____ ist mit deinem Bein pa_____iert?
 ○ Ich bin hingefa_____en. Da_____über ärgere ich mich wirklich sehr.
 Jetzt darf ich einen Mo_____at nicht Fußba_____ spie_____en.

4 ◆ Wo_____en wir uns in einer Knei_____e tre_____en?
 ○ Ja, gern. E_____i_____erst du dich an die Knei_____e an der Ecke?
 Da kö_____ten wir hingehen.

5 ◆ Ich träu_____e schon lange von einem Au_____o.
 ○ Und ich wa_____te auf die Pau_____e. Ich habe Hunger!

1 ▶ 26 **b** Hören Sie und vergleichen Sie.

24 r hören und sprechen

Phonetik

1 ▶ 27 **a** Was hören Sie? Kreuzen Sie an.

1 ☒ richtig ○ wichtig
2 ○ braun ○ blau
3 ○ Herr ○ hell
4 ○ Reis ○ heiß

1 ▶ 28 **b** Hören Sie und sprechen Sie nach.

rechts – links | grau – blau | groß – klein | Herr – hell

einhundertfünfundfünfzig 155

D Anmeldung beim Sportverein

25 Lesen Sie die Situationen 1 bis 4 und die Anzeigen A bis E. Finden Sie für jede Situation die passende Anzeige.

Prüfung DTZ Lesen, Teil 2

Für eine Situation gibt es keine Anzeige. Schreiben Sie in diesem Fall ein X.

1 Sie möchten Gymnastik machen. Ein Fitnessstudio ist Ihnen aber zu teuer.
2 Sie haben früher im Verein Fußball gespielt. Jetzt möchten Sie das in Ihrer Freizeit tun.
3 Sie fahren gern Fahrrad, aber allein macht es Ihnen keinen Spaß.
4 Sie wollen Sport machen, fühlen sich aber nicht fit. Sie möchten zuerst mit einem Arzt sprechen.

Situation	1	2	3	4
Anzeige				

A

Achtung Mütter und Hausfrauen!!!

Tennis-Stunden günstig
von Trainer mit Erfahrung.
Ab 8 Uhr vormittags im Parkclub.
Neusserstr. 47, Info: Tel. 749484

B

Gesund mit dem Sportverein Neu-Isenburg

Es sind noch Plätze frei für:
Volleyball • Step-Aerobic •
Tischtennis • Fitnessgymnastik

Günstige Mitgliedsbeiträge: monatlich 12,- €
Tel. 08043/501-370

C

PÖSELSDORFER FREIZEITKICKER

Über 35 und Lust auf Fußball?
Wir treffen uns jeden Samstag
um 14 Uhr auf dem Sportplatz
am Luisenweg.

D

Fahrrad-Treff

Unser nächstes Treffen ist am 12.6.
Wir fahren um das Steinhuder
Meer (ca. 35 km). Neue Mitfahrer
willkommen.
Zeit und Ort: 9 Uhr am Rathaus
Infos: 0178 12345687

E

Fußball im Verein

Die Fußballmannschaft des SV Altendorf
sucht neue Mitspieler für die C-Mannschaft.
Training ist immer dienstags von 18 bis
20 Uhr auf dem Sportplatz Freienhofen.
Infos bei Matthias Kurz unter 0311/736584.

26 Anmeldung

a Hören Sie den Anfang des Gesprächs. Welche Anzeige aus 25 passt? Ergänzen Sie.

Anzeige: _____

b Hören Sie jetzt das ganze Gespräch. Was ist richtig? Umkreisen Sie.

1 Es gibt   keine verschiedenen   zwei verschiedene   Gruppen.
2 Der   Anfängerkurs   Fortgeschrittenenkurs   findet von 18.45 Uhr bis 20.15 Uhr statt.
3   Die erste Stunde   Der erste Monat   ist kostenlos.
4 Der Mitgliedsbeitrag beträgt für Erwachsene   4 €.   12 € .
5 Für Auszubildende gibt es eine Ermäßigung von   4 €.   8 €.
6 Für weitere Sportangebote muss man   eine   keine   zusätzliche Gebühr bezahlen.

AB 156 einhundertsechsundfünfzig

27 Verbinden Sie und schreiben Sie das Gespräch.

a ◆ TSV Beuern, Kreppel, guten Tag.
b ◆ Gern. Wie alt ist Ihr Sohn denn?
c ◆ Dann passt die Gruppe „Schüler I" für ihn. Kommen Sie doch einfach mal zum Probetraining vorbei.
d ◆ Montags und mittwochs von 17.30 Uhr bis 19.00 Uhr.
e ◆ Für Schüler beträgt der Mitgliedsbeitrag 5 Euro.

1 ○ Und wie viel kostet das?
2 ○ 12 Jahre.
3 ○ Guten Tag, mein Name ist Stefan Radeski. Ich möchte meinen Sohn zum Tischtennis anmelden.
4 ○ Vielen Dank für die Information. Auf Wiederhören.
5 ○ Gern. Wann findet das Training denn statt?

◇ TSV Beuern, Kreppel, guten Tag.
○ Guten Tag, mein Name ist …

28 Um Informationen bitten

a Ordnen Sie zu.

ein paar Fragen | ich interessiere mich | ~~Sehr geehrte~~ | freundlichen Grüßen
vielen Dank für Ihre Antwort | Was kostet | Wie sind | Bieten Sie auch

---

E-Mail senden

Sehr geehrte Damen und Herren,

_____ für Ihr Sportprogramm, besonders für einen Mannschaftssport.
Ich habe _____ :
_____ Volleyball an?
Kann man auch als Anfänger bei einer Mannschaft mitmachen?
_____ die Trainingszeiten?
_____ der Mitgliedsbeitrag?
Schon heute _____ .
Mit _____
Petar Dimkov

---

b Schreiben Sie eine E-Mail.

– Wofür interessieren Sie sich?
– Fragen Sie: Bietet der Sportverein diesen Sport an?
– Wann findet der Kurs / das Training statt?
– Was kostet das?
– Denken Sie auch an die Anrede, den Gruß und die Unterschrift.

Sehr geehrte Damen und Herren,
…

Test Lektion 5

1 Bilden Sie Wörter und ordnen Sie zu.

ab ~~be~~ det ein Aus hen Mann nis re
ru schaft ten Tisch ver Ver ~~wegt~~

Pius _bewegt_ (a) sich gern. Besonders gefällt ihm Sport in der
_____ (b), denn er ist gern mit anderen Menschen
zusammen. Sein Lieblingssport ist _____ (c).
Er _____ (d) sich so oft wie möglich mit Freunden
zum Spielen. Und er geht zum Training im _____ (e).
Jeden Tag Training – ist das nicht zu viel? „Nein", sagt Pius.
„_____ (f) kann ich mich, wenn ich alt bin."

Wörter ___/5 Punkte
- 0–2
- 3
- 4–5

2 Ergänzen Sie.

a Kinder, habt ihr _euch_ schon umgezogen?
b Ruh _____ doch mal ein bisschen aus!
c Ich fühle _____ zurzeit nicht so gut.
d Sergio möchte _____ zum Deutschkurs anmelden.

Grammatik ___/3 Punkte

3 Ordnen Sie zu und ergänzen Sie: mit – über – für – an.

~~der~~ dem die ihm unseren unsere

a ◆ Bist du zufrieden _mit der_ neuen Wohnung?
  ○ Na ja, gestern habe ich mich _____
    Nachbarin geärgert.

b ◆ Hast du schon _____ neuen
    Kollegen gesprochen?
  ○ Nein, aber ich treffe mich heute _____.

c ◆ Erinnerst du dich noch _____
    Urlaub in Bern?
  ○ Ja, klar. Seit dem Urlaub interessiere ich mich total
    _____ Schweiz.

___/10 Punkte
- 0–6
- 7–10
- 11–13

4 Ordnen Sie das Gespräch.

○ ◆ Sportverein Topfit, guten Tag!
○ ○ Und wie viel kostet der Kurs?
○ ○ Vielen Dank für die Information. Auf Wiederhören.
○ ○ Ja, wir haben auch Yoga im Programm.
○ ◆ Er ist immer dienstags von 19 bis 20 Uhr.
○ ◆ Der Mitgliedsbeitrag beträgt zehn Euro im Monat.
○ ◆ Guten Tag! Bieten Sie auch Yoga an?
④ ○ Wann findet der Kurs denn statt?

Kommunikation ___/7 Punkte
- 0–3
- 4–5
- 6–7

AB 158 einhundertachtundfünfzig

A Ich **wollte** auf meiner Schule bleiben.

Schule und Ausbildung 6

A1 1 Was ist richtig? Umkreisen Sie.

Wiederholung A1, L7 L9 L10

a Ich (muss) kann jetzt lernen. Ich darf will morgen eine gute Note bekommen.
b Du musst darfst jetzt nicht spielen. Du musst willst Hausaufgaben machen.
c Meine Erdkunde-Lehrerin hat gesagt, ich will soll ein Referat halten.
d Wie kann darf ich denn meine Note in Mathematik verbessern?
e Warum will muss Ihr Sohn denn nicht auf die Schule in der Müllerstraße gehen?
f Wenn ihr gute Noten haben könnt wollt , dann müsst dürft ihr fleißig sein.

A1 2 Wer sagt was? Verbinden Sie.

Elisabeth, 15 Jahre

a Ich will Abitur machen.
b Ich durfte nicht studieren.
c Ich wollte Abitur machen.
d Ich darf nicht studieren.
e Ich will noch nicht arbeiten.
f Ich wollte mit 15 noch nicht arbeiten.

Elisabeth, heute

A2 3 Was ist richtig? Umkreisen Sie.

Mein Freund Edhem konnte (wollte) eine Ausbildung als Mechatroniker machen. Das war sein großer Wunsch, weil er sich schon immer für Autos interessiert hat. Aber er durfte musste nicht. Sein Vater hat es nicht erlaubt. Er sollte konnte wie sein großer Bruder im Laden arbeiten. Das hat Edhem drei Jahre lang gemacht. Aber dann war es ihm zu langweilig und er wollte musste auch nicht mehr bei der Familie wohnen. Er ist zu seinem Onkel nach Köln gezogen. Dort musste durfte er eine Ausbildung als Mechatroniker machen und war sehr glücklich!

A2 4 Ordnen Sie zu.

| durfte | durften | wollten | mussten | Musstet | Wolltest | konnte | musstest | sollte | ~~musste~~ |

a ◆ _____ ihr viel für die Prüfung lernen?
   ○ Ja und ich *musste* in Englisch viel wiederholen.

b ◆ Für welches Fach _____ du in der Schule am meisten lernen?
   ○ Für Mathe. Das _____ ich überhaupt nicht gut. Jedes Wochenende _____ mein Bruder und ich mit meinem Vater Mathe lernen.

c ◆ _____ du damals eigentlich nicht studieren?
   ○ Doch, aber ich _____ nicht. Nur meine Geschwister _____ studieren. Ich _____ eine Ausbildung machen. Meine Eltern _____ das so.

A

5 Ordnen Sie zu und ergänzen Sie in der richtigen Form.

a

können   müssen   ~~wollen~~

◆ _Wolltest_ du am Wochenende nicht zu deinen Eltern fahren?
○ Doch, natürlich. Aber leider _____ ich nicht, denn ich war krank und hatte Fieber. Deshalb _____ ich zu Hause im Bett bleiben.

b

dürfen   müssen   wollen   wollen

◆ Warum haben Sie denn nicht studiert? Sie haben doch Abitur gemacht! _____ Sie nicht oder _____ Sie nicht studieren?
○ Ich _____ schon, aber meine Eltern hatten nicht genug Geld und ich _____ eine Ausbildung als Krankenschwester machen. Aber heute finde ich das einen schönen Beruf und bin zufrieden.

c

dürfen   können

◆ Warum bist du denn gestern nicht zu Ginas Geburtstagsparty gekommen? Hat es dein Vater nicht erlaubt?
○ Doch. Ich _____ schon, aber ich _____ leider nicht kommen, weil wir im Sportverein unser Sommerfest hatten.

d

können   sollen   müssen

◆ Frau Weger, Sie _____ mich doch um 10.00 Uhr anrufen. Warum haben Sie das nicht gemacht?
○ Entschuldigung. Um 10.00 Uhr _____ ich nicht. Ich _____ Frau Manek bei der Präsentation helfen. Später waren Sie nicht mehr im Büro.

6 Ergänzen Sie in der richtigen Form.

Als Kind _wollte_ (wollen) ich so gern Grundschullehrerin werden, aber ich _____ (dürfen) nicht auf das Gymnasium gehen. Mein Vater hat es nicht erlaubt. Ich _____ (sollen) heiraten, Kinder bekommen und eine gute Hausfrau und Mutter sein. Meine zwei Brüder _____ (dürfen) studieren. Also habe ich jung geheiratet und war zu Hause mit unseren drei Kindern. Aber ich _____ (wollen) einen Beruf lernen und arbeiten. Mit 42 Jahren _____ (können) ich dann endlich eine Ausbildung als Friseurin machen. Jetzt bin ich Friseurin von Beruf und die Arbeit gefällt mir sehr gut!

Elfriede aus Wuppertal, 49 Jahre

160 einhundertsechzig

7 Und Sie? Schreiben Sie Sätze mit durfte – musste – wollte – konnte.

um ... Uhr ins Bett gehen   meiner Schwester bei der Hausaufgaben helfen   auf Partys gehen
eine Ausbildung als ... machen / studieren   den Führerschein machen   Süßigkeiten essen   ...

Als Kind musste ich immer um 20 Uhr ins Bett gehen.
Als Jugendliche / Jugendlicher wollte ich gern
_____, aber ich durfte nicht.
Mit 16 Jahren

8 Finden Sie noch sieben Wörter und ordnen Sie zu.

M	V	E	R	B	E	S	S	E	R	N
F	S	T	R	H	M	ß	A	D	P	Ü
A	U	Z	A	B	I	T	U	R	L	F
U	O	R	B	S	E	N	Z	W	Ö	A
L	E	F	L	E	I	ß	I	G	G	C
O	R	T	Ä	F	F	E	N	T	I	H
S	C	H	R	E	C	K	L	I	C	H
ß	K	N	R	E	F	E	R	A	T	I
Z	E	U	G	N	I	S	U	H	G	E

a Ich habe nicht viel in der Schule gelernt. Ich war sehr *faul*.
b Aber meine Schwester war ganz anders: Sie war sehr _____.
c Musik war mein Lieblings_____ in der Schule.
d Mathe mochte ich noch nie. Und auch heute noch
   finde ich Mathe _____.
e Ich habe viel Mathe gelernt, weil ich meine Note _____ wollte.
f Ich wollte als Schüler nicht gern vor der ganzen Klasse sprechen und
   ein _____ halten.
g Meine Eltern haben sich immer sehr über ein gutes _____
   am Schuljahresende gefreut.
h Ich habe mit 18 Jahren das _____ gemacht.
   Dann habe ich gleich studiert.

B Es ist wichtig, **dass** …

9 Verbinden Sie.

a Ich glaube,   1 dass junge Leute Englisch lernen.
b Es tut mir sehr leid,   2 dass du jetzt auch in Bern lebst.
c Es ist wichtig,   3 dass sich Anna und Luis vorhin gestritten haben.
d Es ist schön,   4 dass du die Prüfung nicht geschafft hast.

10 Wünsche: Schreiben Sie die Sätze neu.

Ich finde bald einen Job in Deutschland.

A Wanida

Deutschlernen macht Spaß.

B Kemal und Ayşe

Mein Sohn schafft das Abitur.
C Omar

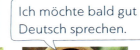
Ich möchte bald gut Deutsch sprechen.

Ich kann in Deutschland studieren.

D Soraya

E Babak

a Wanida denkt,   dass   sie bald einen Job in Deutschland findet.
b Kemal und Ayşe finden,   dass
c Omar ist sicher,   dass
d Soraya sagt,   dass
e Babak glaubt,   dass

11 Schreiben Sie Sätze.

a deine Tochter – sehr – ist – intelligent
    Ich glaube, dass _deine Tochter sehr intelligent ist._
b ist – wichtig – eine gute Ausbildung
    Ich finde, dass
c du – hast – im Zeugnis – schlechte Noten
    Es tut mir leid, dass
d aufpasst – du – in der Schule
    Ich finde es wichtig, dass
e Sie – kommen – pünktlich – zu dem Termin
    Es ist wichtig, dass
f soll – Pausen – regelmäßig – machen – man
    Er findet, dass
g lernen – ein bisschen mehr – kannst – du
    Ich bin sicher, dass

12 Ergänzen Sie: weil – wenn – dass.

a Sie müssen in der Schule anrufen und sich entschuldigen, _wenn_ Sie krank sind.
b Wissen Sie schon, _____ wir morgen länger arbeiten müssen?
c Er musste die Klasse wiederholen, _____ er schlechte Noten hatte.
d Du musst viel lernen, _____ du ein gutes Zeugnis haben willst.
e Findest du auch, _____ unsere Schule wenig Freizeitaktivitäten anbietet?
f Ich habe mir eine neue Arbeit gesucht, _____ ich in der alten Firma wenig verdient habe.

13 Ergänzen Sie: das – dass.

Wie wichtig sind gute Noten für die Ausbildung oder die Universität?

Viele Schüler glauben, _dass_ sie nur mit guten Noten einen Ausbildungsplatz finden. Aber gute Noten sind nicht alles. Ein Arbeitgeber versteht, _____ man nicht alle Fächer gern mag. _____ ist auch gar nicht wichtig. Aber es ist wichtig, _____ man sich für den Beruf interessiert. Natürlich sollte man eine gute Note in Mathematik haben, wenn man eine Ausbildung als Mechatroniker machen möchte. Und natürlich sollte man _____ Fach Englisch mögen, wenn man in einem Hotel arbeiten will. Es ist klar, _____ man _____ Abitur schaffen muss, wenn man an einer Universität studieren will. _____ Abiturzeugnis muss sogar sehr gut sein, wenn man Arzt werden will. Später aber wollen Arbeitgeber, Kunden und Patienten nur, _____ man fleißig arbeitet. Für die Noten interessiert sich niemand mehr. Ist _____ nicht super?

14 Ordnen Sie zu.

finde ich nicht | hast du recht | sehe ich auch so | ich glaube | ~~Was denkt ihr~~

Ausbildung oder sofort arbeiten?

Reza1999 Alle sagen, dass man eine Ausbildung braucht. Aber: Man kann doch alles bei der Arbeit lernen. _Was denkt ihr_?

Milan_O Das _____. Eine Ausbildung dauert meistens drei Jahre. Das ist viel zu lange, denn als Azubi verdient man wenig.

NoraXX Okay, das Geld ist ein Problem, da _____. Aber _____ schon, dass eine gute Ausbildung wichtig ist. Viele Sachen kann man nur in der Schule lernen.

Milan_O Ja, aber drei Jahre! Das ist viel Zeit – für nichts.

NoraXX Das _____. Du lernst in der Ausbildung viel und mit einer guten Ausbildung verdienst du später mehr und kannst selbst Chef werden.

C Schule

15 Lesen Sie den Text. Was ist richtig? Kreuzen Sie an.

In der Schule eine Null – im Beruf ein Star

„‚Jan, du hast wieder eine schlechte Note‘, hat unser Englischlehrer oft gesagt, wenn er mir einen Test zurückgegeben hat. Meine Schulzeit war wirklich schrecklich", erzählt Jan Busch.

Heute ist Jan Busch ein gut bezahlter Industrie-Designer und arbeitet für eine große deutsche Firma. Er sagt: „Mein Vater wollte unbedingt, dass ich Abitur mache. Leider war ich in der Schule eine Null. Nur das Fach Kunst hat mich interessiert und mir Spaß gemacht, auch weil unsere Kunstlehrerin sehr nett war.

Mit 16 wollte ich nicht mehr weiter zur Schule gehen, auch wenn das meinem Vater überhaupt nicht gefallen hat. Ich habe in verschiedenen Jobs gearbeitet. Ich habe zum Beispiel in einem Restaurant in der Küche geholfen oder an einer Tankstelle an der Kasse gearbeitet. Das war langweilig, und oft habe ich die Autos an der Tankstelle gezeichnet. Meinem Chef haben meine Ideen für schöne, moderne Autos gut gefallen und er hat mir eine Ausbildung zum Produkt-Designer empfohlen.

Das war eine super Idee. Ich habe mich sofort über die Ausbildung informiert und mich um einen Ausbildungsplatz beworben. Nach der Ausbildung habe ich Abitur gemacht und danach Industrie-Design an einer Fachhochschule studiert. Ich war glücklich! Endlich hat mir das Lernen Spaß gemacht und ich hatte nur gute Noten.

Nach der Abschlussprüfung habe ich sofort eine Stelle gefunden. Und wissen Sie was? Ich denke oft an meine Kunstlehrerin. Ich freue mich, dass ich bei ihr so viel gelernt habe."

1 Jan …
 a ○ ist gern zur Schule gegangen.
 b ○ war kein guter Schüler.
 c ○ hatte viele Lieblingsfächer.

2 Die Jobs im Restaurant und an der Tankstelle …
 a ○ haben Jan interessiert.
 b ○ haben Jan keinen Spaß gemacht.
 c ○ waren für Jan sehr anstrengend.

3 Jan hat …
 a ○ Abitur und dann eine Ausbildung gemacht.
 b ○ studiert und dann eine Ausbildung gemacht.
 c ○ eine Ausbildung gemacht und später studiert.

LERNTIPP Lesen Sie zuerst den Text komplett. Beim zweiten Lesen suchen Sie die Antworten zu den Aufgaben.

16 Was passt nicht? Streichen Sie.

a • die Grundschule • das Gymnasium • die Krippe • die Realschule
b • das Zeugnis • die Note • das Abitur • die Diskussion
c Ein Schüler ist: fleißig intelligent streng faul
d Englisch Erdkunde Spanisch Italienisch

17 Unterricht hier und dort

a Schreiben Sie die E-Mail noch einmal. Beginnen Sie mit den markierten Wörtern.

> E-Mail senden
>
> Liebe Samira,
> wie geht es Dir? Lange habe **ich** nichts mehr von Dir gehört. Ich gehe **seit zwei Monaten** in die Berufsschule. Ich freue mich **jeden Morgen** auf den Unterricht, weil die Lehrer hier so nett und lustig sind. Die Lehrer **in meiner Heimat** sind überhaupt nicht lustig. Sie sind streng. Ich finde **das** nicht so gut. Man lernt viel besser, **wenn die Lehrer freundlich sind**, oder? Physik ist **mein absolutes Lieblingsfach**. Im Unterricht dürfen **wir** selbst Versuche und Übungen machen. Das macht so viel Spaß. Und unser Physiklehrer kann gut erklären.
> Wie war der Unterricht an Deiner Schule? Erzähl doch mal und schreib mir.
> Ich freue mich auf Deine Antwort.
> Viele Grüße
> Antonio

Liebe Samira,
wie geht es Dir? Ich habe so lange nichts mehr von Dir gehört. Seit zwei Monaten …

b Schreiben Sie eine Antwort an Antonio.

Hallo _____,
vielen Dank _____.
Ich _____ gefreut.
Ich habe in meinem Heimatland _____

Mein Lieblingsfach _____.
Die Lehrer _____
Der Unterricht _____, weil

C

18 -ig und -ich am Wortende

a Wo hören Sie den *ich*-Laut? Hören Sie und markieren Sie.

◆ Du lernst zurzeit sehr wen**ig**!
○ Das ist ja auch so langweilig und überhaupt nicht wichtig.
◆ So, und was ist denn dann wichtig?
○ Dass ich endlich in der Fußballmannschaft so richtig mitspielen darf.

b Hören Sie noch einmal und sprechen Sie nach.

c Ergänzen Sie *-ig* oder *-ich*. Hören Sie dann und sprechen Sie nach.

1 glückl_ich_
   freiwill____
   berufstät____
   lust____

2 höfl____
   selbstständ____
   traur____
   led____

3 schwier____
   freundl____
   fleiß____
   günst____

19 Laute *f, w*: Hören Sie und sprechen Sie nach.

a zum Frühstück – am Anfang – dein Brief – mein Vater – im Verein – dein Vorname
b eine Woche – in der Wohnung – im Wasser – im Winter
c das Gewicht – ein Gewitter – herzlichen Glückwunsch
d Ich freue mich wirklich sehr auf Freitag. – Wie viele Kartoffeln willst du? – Vorgestern waren wir verabredet. Hast du das vergessen?

20 *w* oder *b*?

a Was hören Sie? Kreuzen Sie an.

1 ⊠ Wein   ○ Bein
2 ○ Wort   ○ Brot
3 ○ wir   ○ Bier
4 ○ Wecker   ○ Becher
5 ○ Wald   ○ bald
6 ○ weit   ○ breit

b Hören Sie und sprechen Sie leise. Wie oft hören Sie *w*, wie oft *b*?

1 w III   b -
2 w ____   b ____
3 w ____   b ____
4 w ____   b ____
5 w ____   b ____
6 w ____   b ____

c Hören Sie noch einmal und sprechen Sie nach.

21 Hören Sie und sprechen Sie nach. Achten Sie auf die Satzmelodie.

a Wann bringst du den Wagen in die Werkstatt?
b Ab wann wollen Sie die Wohnung mieten?
c Würden Sie mir bitte das Wasser geben?
d Das ist ein Bild von Barbaras Bruder.
e Warum willst du nach Berlin fahren?
f Wie viele Buchstaben hat das Wort?

D Aus- und Weiterbildung

D2 22 Wort-Erklärungen. Was passt zusammen?
Finden Sie die passende Erklärung und notieren Sie.

a • der Migrant   Geld: man bekommt es zum Beispiel für eine Weiterbildung

das Referat / die Präsentation   b • das Zertifikat   c • der Experte

d • die Förderung   neuer Bewohner in einem Land

das Zeugnis

diese Person weiß viel über ein Thema

e • der Vortrag

	Wort	Erklärung
a	• der Migrant	neuer Bewohner in einem Land
b		
c		
d		
e		

D3 23 Wörter mit -ung

a Ergänzen Sie.

1 sich bewerben → die Bewerbung
2 erfahren → die _____
3 (sich) _____ → die Vorbereitung
4 (sich) _____ → die Anmeldung

b Suchen Sie noch drei Wörter mit -ung im Lernwortschatz (LWS Seite 182 – 204).
Ergänzen Sie: • der – • das – • die.

• die Prüfung

D3 24 Was ist richtig? Umkreisen Sie.

a sozial   haben   (sein)
b • ein Praktikum   • eine Zweitsprache   lernen
c • eine Förderung   • ein Experte   bekommen
d • eine Einführung   bekommen   erfahren
e • Digitalfotos   • Briefe   speichern
f • einen Vortrag   halten   sprechen

D

25 Ordnen Sie zu.

Förderung   möglich   ~~Migrantin/Migrant~~   Beratung   Beginn
verletzt   blutet   Vorbereitung   Praktikum   Theorie

A

Fit in Deutsch

Für Altenpflegerinnen und Altenpfleger

Sie sind _Migrantin/Migrant_ und möchten eine Ausbildung in der Altenpflege machen? Dann sind Sie bei uns richtig. Wir bieten im Frühjahr spezielle Deutschkurse zur _____ auf die Altenpflegeausbildung an. In einem _____ (4 Wochen) lernen Sie dann den Alltag von Altenpflegern/Altenpflegerinnen kennen.
8 x 4 Stunden, immer samstags, 8–12 Uhr
_____ des Kurses: 16. März

Wir freuen uns auf Sie!

B

ERSTE HILFE BEIM SPORT

Ein Kind ist hingefallen, hat sich _____ und sein Knie _____ stark? Was tun? Das lernen Sie bei uns in _____ und Praxis! Im Erste-Hilfe-Kurs für Übungsleiterinnen und Übungsleiter. Eine _____ durch Ihren Sportverein ist _____.

Anmeldung und _____ immer montags von 17 bis 19 Uhr.

26 Beratungsgespräch bei der Volkshochschule
Ordnen Sie das Gespräch.

- ◯ ◆ 69 Euro für beide Tage zusammen.
- ② ○ Ich interessiere mich für ein Bewerbungstraining.
- ⑩ ○ Nein, jetzt ist alles klar. Vielen Dank und auf Wiedersehen.
- ① ◆ Guten Tag, wie kann ich Ihnen helfen?
- ⑧ ○ Gut, das fülle ich gleich aus. Hier, bitte.
- ◯ ◆ Auf Wiedersehen und viel Erfolg im Kurs.
- ◯ ◆ Danke. Haben Sie noch Fragen?
- ◯ ◆ Das können Sie jetzt gleich hier machen, wenn Sie wollen. Sie müssen nur dieses Formular ausfüllen.
- ◯ ◆ Unser nächstes Bewerbungstraining ist am 5. und 6. Juni. Das ist ein Wochenende. Haben Sie da Zeit?
- ◯ ○ Ah, am Wochenende. Das passt sehr gut. Was kostet denn der Kurs?
- ◯ ○ Ach, das ist ja günstig. Wann und wo kann ich mich denn dafür anmelden?

Test Lektion 6

1 Markieren Sie die Wörter und ordnen Sie zu.

NOTENFLEIßIGBERATUNGSTRENG
VORTRAGEINFÜHRUNG(ZEUGNIS)

a Dieses Schuljahr war mein _Zeugnis_ besser als letztes Jahr, denn ich hatte gute _____ in Physik und Deutsch. Mein Vater war aber nicht zufrieden. Er ist sehr _____ und findet, dass ich nicht _____ genug bin.

b In dem _____ „Schule – und dann?" gibt Herr Bender von der Agentur für Arbeit eine _____ in die Themen *Bewerbung* und *Ausbildungsplatzsuche*. Eine persönliche _____ ist nicht möglich.

Wörter ____ / 6 Punkte
- 0–3
- 4
- 5–6

2 Ergänzen Sie in der richtigen Form.

a ◆ Hallo, Youssef. Du hier? Bist du nicht krank?
○ Ach! Ich _wollte_ (wollen) die Party nicht verpassen.

b ◆ Warum war Dan gestern nicht beim Grillfest?
○ Er _____ (dürfen) nicht kommen, weil er schlechte Noten hatte. Er _____ (müssen) lernen.

c ◆ Euer Deutsch ist wirklich super.
○ Danke. Vor einem Jahr _____ (können) wir noch kein Wort sagen!

Grammatik ____ / 3 Punkte

3 Ordnen Sie zu und schreiben Sie die Sätze neu.

Du besuchst mich am Samstag.   Man hat gute Noten im Zeugnis.
Ich bin zu spät gekommen.   Du findest einen Ausbildungsplatz.
~~Juan kommt etwas später.~~

a Ich glaube, dass _Juan etwas später kommt._
b Ich bin sicher, dass _____
c Es tut mir leid, dass _____
d Es ist schön, dass _____
e Es ist wichtig, dass _____

____ / 4 Punkte
- 0–3
- 4–5
- 6–7

4 Verbinden Sie.

a Mit sechs — 1 waren nicht gut.
b Als Kind   2 bin ich Architekt von Beruf.
c Meine Noten 3 habe ich das Abitur gemacht und studiert.
d Nach der Schule — 4 bin ich in die Schule gekommen.
e Später   5 habe ich eine Ausbildung als Maurer gemacht.
f Jetzt   6 wollte ich Architekt werden.

Kommunikation ____ / 5 Punkte
- 0–2
- 3
- 4–5

A Ich habe **meinem Mann** ... gekauft.

A1 1 Was ist richtig? Umkreisen Sie.

a Ich schenke (meinem) / meinen Sohn einen Fußball.
b Sie kauft ihrem / ihren Baby eine Jacke.
c Wir backen unsere / unserer Freundin einen Kuchen.
d Sie schenken ihre / ihren Großeltern Gartenstühle.
e Simon bastelt seine / seinen Eltern ein Flugzeug aus Papier.
f Was hast du deinem / dein Freund zum Geburtstag geschenkt?
g Habt ihr euren / eurer Gästen ein leckeres Essen gekocht?

A1 2 Ergänzen Sie.

a
◆ Kauft ihr eur_er_ Tochter ein Fahrrad zu Weihnachten?
○ Keine Ahnung. Das haben wir noch nicht entschieden.

b
◆ Kaufen wir unser_____ Lehrer zum Abschied ein Geschenk?
○ Ja, gute Idee!

c
◆ Was schenkst du dein_____ Sohn?
○ Ich habe einen Teddy gekauft.

d
◆ Dieses Restaurant kann man kein_____ Menschen empfehlen.
○ Ja, da hast du recht! Das Essen ist sehr schlecht.

e
◆ Schenken Sie Ihr_____ Mitarbeiterin doch ein Buch.
○ Gute Idee! Darüber freut sie sich bestimmt.

f
◆ Geben Sie das Formular bitte ein_____ Kollegin.
   Ich habe heute keine Zeit.
○ Na gut.

A2 3 Ergänzen Sie und markieren Sie wie im Beispiel.

	• Bruder	• Kind	• Schwester	• Eltern
Das ist/sind	mein		meine	
Ich besuche	meinen				morgen.
Ich schenke	meinem				nichts.

Feste und Geschenke 7

4 Ordnen Sie zu.

ein   eine   eine   ~~einen~~   ihre   ihrem   ihren   ihrer   keinen

a Ella geht einkaufen, denn sie braucht _einen_ • Mantel. Viele
Stunden sucht sie Mäntel, aber sie findet _____.
Ella ist müde und macht Pause im Café.
Sie trinkt _____ • Tasse Kaffee.

b Ella kauft _____ • Hund
_____ • Wurst. Sie bringt _____
• Kindern _____ • Eis mit.

c Heute hat _____ • Oma Geburtstag.
Ella will sie besuchen und kauft Blumen. Sie gratuliert
_____ • Oma: „Alles Gute zum Geburtstag."

5 Was hat Inga bekommen? Schreiben Sie.

Sie hat eine Karte bekommen.

6 Ordnen Sie zu.

Wiederholung A1, L13

dir   euch   ihnen   ihm   ihr   ~~mir~~   uns

a ◆ Kannst du _mir_ deine Kochbücher ausleihen?
   ○ Gern. Wofür brauchst du sie?
   ◆ Meine neue Freundin besucht mich heute Abend.
     Ich will _____ etwas kochen.

b ◆ Papa, hast du _____ etwas mitgebracht?
   ○ Klar, ich bringe _____ doch immer etwas mit.

c ◆ Dein Freund hat bald Geburtstag, oder?
     Was schenkst du _____ ?
   ○ Ich weiß es noch nicht.

d ◆ Ich fahre nach Berlin, aber ich habe keinen Koffer.
   ○ Kein Problem. Ich gebe _____ meinen.

e ◆ Lars? Die Kinder müssen ins Bett.
     Erzähl _____ doch bitte noch etwas.
   ○ Das mache ich!

einhunderteinundsiebzig 171 AB

A

7 Geschenke

a Wer braucht was? Ordnen Sie zu.

• ein Fußball   • ein Kochbuch   1 • eine Espressomaschine   • eine Kette

b Wem geben Sie was? Ergänzen Sie.

1 Ich gebe ihm eine Espressomaschine.
2 Ich gebe _____
3 Ich gebe _____
4 Ich gebe _____

8 Sätze formulieren

a Markieren Sie: Wer? – Wem? (Person) und Was? (Sache).

1 Alina backt ihren Kindern Pfannkuchen.
2 Hassan schreibt seiner Kollegin eine Nachricht.
3 Herr Müller bringt seinem Chef die Rechnungen.
4 Der Kellner empfiehlt den Gästen den Apfelkuchen.

b Schreiben Sie Sätze und markieren Sie wie in a.

1 Hans kocht seinen Kindern eine Suppe.
 (kocht – Hans – eine Suppe – seinen Kindern)
2 _____.
 (seiner Frau – Er – ein Parfüm – kauft)
3 _____.
 (bringt ... mit – Oma – ihrer Enkelin – eine Puppe)
4 _____?
 (du – meinen Geldbeutel – mir – Gibst)
5 _____?
 (du – mein Fahrrad – Wann – bringst ... zurück – mir)

B Ich kann **es Ihnen** nur empfehlen.

9 Ergänzen Sie die Tabelle.

	Ich kenne ...	Wer gibt ... zehn Euro?
ich	mich	
du		
er		
es		
sie		ihr
wir		
ihr		
sie/Sie		ihnen/Ihnen

10 Am Esstisch

a Markieren Sie: Was? (Sache)

1 ◆ Wo ist denn das Brot?
  ○ In der Küche. Hol es dir doch einfach.

2 ◆ Bringst du mir bitte einen Joghurt mit?
  ○ Natürlich, ich bringe _____ dir gleich.

3 ◆ Hast du schon die Marmelade probiert? Sie ist lecker.
  ○ Nein, gib _____ mir doch bitte mal rüber.

4 ◆ Wie findest du die Brötchen?
  ○ Super, ich kann _____ dir wirklich empfehlen.

5 ◆ Bekommen wir auch ein Eis?
  ○ Ja, in Ordnung. Holt _____ euch doch bitte selbst aus dem Kühlschrank.

b Ergänzen Sie in a: *ihn – es – sie.*

11 Was ist richtig?

a Umkreisen Sie.

1 ◆ Hier sind die Pralinen für Oma. Bringst du   sie ihr   ihr sie   bitte mit?
  ○ Klar, mache ich.

2 ◆ Hast du Hassan schon seine Jacke zurückgegeben?
  ○ Ja, ich habe   sie ihm   ihm sie   gestern gebracht.

3 ◆ Frau Krüger, Sie kennen doch das Restaurant „Am Park"? Wie ist das Essen dort?
  ○ Sehr gut. Ich kann   Ihnen es   es Ihnen   wirklich empfehlen.

B

b Ergänzen Sie.

1 ◆ Kannst du mir deine Stadt zeigen?
  ○ Klar. Ich zeige _____ gern (dir – sie).

2 ◆ He! Ihr könnt doch nicht einfach die Äpfel aus Herrn Meiers Garten nehmen!
  ○ Doch. Er hat _____ angeboten (sie – uns).

3 ◆ Ihr solltet euch den neuen James-Bond-Film ansehen.
   Ich kann _____ nur empfehlen (ihn – euch).
  ○ Wir haben ihn schon gesehen.

B2 12 Ergänzen Sie: *ihn – es – sie – dir – Ihnen*.

a ◆ Wo sind denn die Briefmarken?
  ○ Moment, ich gebe *sie dir* gleich.

b ◆ Entschuldigen Sie, wir brauchen einen Kühlschrank.
  ○ Da haben wir verschiedene. Moment, ich zeige _____.

c ◆ Können Sie mir das Buch bitte einpacken?
  ○ Natürlich, ich packe _____ gern ein.

d ◆ Diese Schachtel ist sehr schön.
  ○ Gefällt sie dir? Ich schenke _____.

e ◆ Wo ist denn nur mein Geldbeutel? Weißt du, wo er ist?
  ○ Er liegt auf dem Küchentisch. Warte, ich hole _____.

f ◆ Wenn Sie gern Joghurt essen, dann nehmen Sie den griechischen Joghurt mit Honig.
   Der ist am besten. Ich kann _____ sehr empfehlen.

B4 13 Markieren Sie: **Wem?** (Person) und **Was?** (Sache).

a Wir schenken **unserer Nachbarin** **Blumen.**
b Hast du mir Briefmarken mitgebracht?
c Die Verkäuferin hat uns das Geschenk eingepackt.
d Da liegen Monikas Bücher. Warum hast du sie ihr noch nicht zurückgegeben?
e Ich weiß, wo dein Schlüssel ist. Ich hole ihn dir.
f Anna hat ihren Geschwistern die Hausaufgaben erklärt.

B4 14 Was ist richtig? Umkreisen Sie.

a Ali hat eine Kette seiner Frau | seiner Frau eine Kette gekauft.
b Kannst du mir deinen Schirm | deinen Schirm mir leihen?
c Du hast die Straße nicht gefunden. Aber ich habe dir sie | sie dir doch gezeigt!
d Bringt mir bitte den Fernseher zurück. Ich habe euch ihn | ihn euch nur geliehen.
e Zeigst du deine neue Puppe uns? | uns deine neue Puppe?

C Hochzeit

C1 15 Lösen Sie das Rätsel und finden Sie das Lösungswort.

A S A H N E
B
C
D
    Z
E
F
G R

Lösung: _____

C1 16 ö hören und sprechen

a Hören Sie und ergänzen Sie o oder ö?

1 offen – öffnen
2 sch___n – sch___n
3 k___mmen – k___nnen

b Hören Sie und sprechen Sie nach.

♦ So blöd, dass wir nicht zur Hochzeit kommen konnten.
○ Ja, es war so schön.
♦ Könnt ihr uns Fotos zeigen?
○ Gern. Seht mal: Jonas ist auf seine Hose getreten. Er war sehr nervös.

C1 17 Hören Sie und sprechen Sie nach. Zuerst langsam, dann schnell.

a Hoch•zeits•tag – Hochzeitstag
   Weih•nachts•fest – Weihnachtsfest
   Ge•burts•tags•ge•schenk – Geburtstagsgeschenk
b Herzlichen Glückwunsch zum Hochzeitstag.
c Alles Gute zum Geburtstag!
d Ein frohes Weihnachtsfest!

C

18 Eine Hochzeitsfeier

a Ordnen Sie zu.

a Das Brautpaar und die Gäste essen und trinken im Restaurant.
  Die Torte schmeckt besonders gut.
b Das Brautpaar tanzt zuerst.
c Das Brautpaar und die Gäste fahren zum Restaurant.
d Viele Freunde warten vor der Kirche auf das Brautpaar und gratulieren.
e Alle tanzen bis zum Morgen.
f Bei der Trauung sagt das Brautpaar: „Ja!"

Bild	1	2	3	4	5	6
Szene	f					

b Ergänzen Sie die E-Mail mit den Informationen aus a.

> E-Mail senden
>
> Liebe Kaisa,
> stell Dir vor, am Wochenende war ich auf der Hochzeit von Bernhard und Bianca.
> Es war toll. 👍 Besonders schön war es in der Kirche. Natürlich haben Bernhard und
> Bianca _bei der Trauung „Ja!" gesagt_ 1. Ich musste weinen, weil es so schön
> war. Vor der Kirche haben viele Freunde _____ 2
> und _____ 2. Dann sind alle _____ 3.
> Im Restaurant haben wir _____ 4. Das
> Hochzeitsessen war sehr lecker, besonders gut _____ 4.
> Die war mit viel Sahne, mmmh!
> Nach dem Essen hat _____ 5.
> Am Ende haben wir alle _____ 6.
> Es war sehr lustig.
> Viele Grüße
> ...

7

C2 19 Ein besonders schönes Fest: Schreiben Sie eine E-Mail.

a Sammeln Sie Informationen.

- Wo haben Sie gefeiert?
- Wann haben Sie gefeiert?
- Wer war dabei?
- Was haben Sie getragen?
- Wie haben Sie gefeiert?
- Was ist alles passiert?

b Ordnen Sie die Informationen und schreiben Sie.

Vor/Nach …   Dann …   Danach …   Am Ende …

Vor zwei Jahren hat meine Schwester …

C3 20 Korrigieren Sie die Wörter. Hier sind sieben Wörter falsch geschrieben.

richtig schreiben

Leibe Anna,
letzten Freitag hat meine beste Freundin Dimitra gehieratet. Die Feier war fantastisch. Es waren sehr veile Gäste da, ungefähr 200. Ich war allein da, denn lieder konnte mein Freund nicht mitkommen. Das Essen war super lecker, ich habe zum ersten Mal im Leben Tzatziki probeirt. Natürlich haben wir getanzt und auch lustige Spiele gespeilt. Das Brautpaar hat total viele Geschenke bekommen. Es war wirklich eine schöne Hochziet.

a *Liebe*
b ....
c ....
d ....
e ....
f ....
g ....

LERNTIPP Lesen Sie Ihre Texte auch laut. Dann finden Sie schnell Fehler zu ei und ie.

C3 21 Erzählen Sie Ihrer Partnerin / Ihrem Partner etwas über sich.

Prüfung GZ Sprechen, Teil 2

Wählen Sie ein Thema.

A **von sich erzählen**

Mit wem und wo? — Was feiern Sie besonders gern? — Essen und Getränke?
Wie? — Geschenke?

B **von sich erzählen**

Wann? — Wie feiern Sie Neujahr? — Geschenke?
Mit wem und wo? — Essen und Getränke?

einhundertsiebenundsiebzig **177** **AB**

D Geschenke

22 Ergänzen Sie: *meinem – meiner – meinen*.

Zum 18. Geburtstag habe ich viele Geschenke bekommen: Von **meinen** Eltern habe ich ein Buch bekommen. Von _____ Onkel habe ich eine Einladung ins Kino bekommen, von _____ Geschwistern ein Computerspiel und von _____ Oma einen kleinen Geldbeutel. Von _____ Freund Lasse und _____ Freundin Miriam habe ich einen Gutschein fürs Schwimmbad bekommen. Gleich morgen gehen wir zusammen schwimmen!

23 Diktat. Hören Sie.
Hören Sie dann das Diktat und schreiben Sie.

◆ Du, Fatma hat am Freitag **Geburtstag**. _____ ihr etwas _____ ?
○ Ja, gern. Hast du eine Idee?
◆ _____ Gutscheine, die Person dann selbst etwas kaufen kann. Meine Freunde _____ immer sehr _____ Gutscheine fürs Kino.
○ Ich finde es _____ , _____ man Gutscheine verschenkt. Es ist wichtig, dass ein Geschenk zu der Person passt.
◆ Okay. Dann vielleicht Blumen. Fatma mag Pflanzen, ihre Lieblingsfarbe ist Weiß.
○ Weiße Blumen sind in meinem _____ tabu. Aber _____ eine Blume in Rot oder Gelb kaufen.

24 Ein Geschenk kaufen
Eine Kurskollegin / Ein Kurskollege hat bald Geburtstag. Sie möchten mit Ihrer Partnerin / Ihrem Partner ein Geschenk kaufen. Finden Sie einen Termin.

A

Donnerstag, 5. September	
8.00 – 12.30 Uhr	Deutschkurs
13.00 – 14.00 Uhr	Vorstellungsgespräch
15.00 – 16.00 Uhr	Arzt
17.30 – 19.00 Uhr	Fußballtraining

Wann kaufen wir das Geschenk für …?
Wann hast du Zeit?
Hast du um … Uhr Zeit?
Ja, das geht. / Nein, da kann ich nicht.

B

Donnerstag, 5. September	
8.00 – 12.30 Uhr	Deutschkurs
14.00 – 15.00 Uhr	Natascha von der Schule abholen und zum Tanzkurs bringen
15.30 – 16.00 Uhr	Termin bei der Bank
18.00 – 23.00 Uhr	arbeiten

E Ein Fest planen

25 Was ist richtig? Umkreisen Sie.

◆ Nächsten Monat habe ich Geburtstag. Soll ich eine Mottoparty machen oder nicht? Ich kann mich nicht (entscheiden) / unterhalten.

○ Eine Mottoparty – muss das sein? Da muss man doch so viel vorbereiten / stattfinden. Ich finde es toll, wenn man mit wenigen Gästen zusammensitzt, isst und sich etwas vorstellt / sich unterhält. Ich koche. Welches Gericht wünschst / weinst du dir?

◆ Kochen für unbekannt / ungefähr 30 Gäste? Nein, so viel Geld will ich nicht ausdrucken / ausgeben. Ich finde, jeder sollte etwas mitbringen und wir probieren / dekorieren nur den Raum. Mir / Ich ist wichtig, dass es nett aussieht.

○ Gut, wenn du meinst. Hauptsache, / Ist das wirklich so wichtig, du hast deinen Spaß.

26 Eine verrückte Party

a Lesen Sie die Einladung und die Antworten. Wer kommt zur Party? Kreuzen Sie an.

Alle feiern Silvester! Wir feiern Neujahr! Wenn alle schlafen, machen wir eine Party.
Ort: bei Michi im Garten
Zeit: 1. Januar, 6 Uhr morgens
Antworten bitte per SMS an Michi oder mich.
Jana

1 ○ Super Idee! Ich kann aber leider nicht kommen. Wir feiern Silvester bei meinen Eltern ☹ und um 6 Uhr schlafe ich sicher noch.
Fikret

2 ○ Danke für die Einladung. Endlich mal etwas anderes. Ich komme gern und kann eine Suppe machen, denn wir wollen ja draußen feiern und es ist bestimmt kalt! Okay?
Tatjana

3 ○ Toll! Super! Was ist mit Musik? Ich habe eine Gitarre. Soll ich die mitbringen? Und: Ich komme mit meiner Freundin Chiara. In Ordnung?
Arne

b Schreiben Sie eine Antwort wie in a.

Schreiben Sie,
– dass Sie kommen.
– was Sie mitbringen.
– dass Sie Ihren Hund mitbringen möchten.

Hallo Michi!
Vielen Dank …

E

E2 27 Einladung zu einem Fest

a Lesen Sie den Text bis Zeile 5 und schreiben Sie die Antworten.

1 Wer lädt zum Weißen Picknick ein? _Die Stadt Neuburg_
2 Wann ist der Termin für die Veranstaltung? _____
3 Wer darf kommen? _____

Einladung zum „Weißen Picknick"

Auch dieses Jahr möchte die Stadt Neuburg ihre Bewohner mit dieser Veranstaltung zusammenbringen. Das „Weiße Picknick" findet am Samstag, 1. August, ab 17 Uhr auf dem Stadtplatz statt. Und alle sind eingeladen: Familien, Nachbarn, Freunde, Kollegen …

5 Ihnen ist das „Weiße Picknick" noch unbekannt?
So funktioniert das „Weiße Picknick":

Kleidung: Bitte tragen Sie nur weiße Kleidung.
Mitbringen: Essen und Getränke, Tisch und Stühle, weißes Geschirr; gern auch Blumen und andere Dekoration für eine feierliche Stimmung – alles in Weiß!
10 *Unterhaltung:* Wir wollen zusammen singen und tanzen! Bringen Sie gern Ihre Gitarre mit. Übrigens: Von 20 bis 22 Uhr spielt die Band „Turbo".
Regeln: Eine Reservierung von Plätzen ist nicht möglich. Ihre Stühle und Tische dürfen Sie erst ab Veranstaltungsbeginn aufstellen. Der Eintritt ist frei. Bei schlechtem Wetter kann die Veranstaltung leider nicht stattfinden.

15 *Die Stadt Neuburg freut sich auf viele Gäste.*

b Was ist richtig? Lesen Sie den ganzen Text und kreuzen Sie an.

1 ☒ Man darf nur Kleidung in Weiß anziehen.
2 ○ Die Gäste müssen ihr Essen und die Getränke selbst mitbringen.
3 ○ Man darf keine Musik spielen.
4 ○ Man soll bald einen Platz reservieren.
5 ○ Für das Fest muss man nichts bezahlen.
6 ○ Wenn das Wetter schlecht ist, gibt es kein Picknick.

Test Lektion 7

1 Geschenkideen: Finden Sie noch fünf Wörter und ordnen Sie zu.

Ü(KETTE)JEUNIMPARFÜMYÖVZWNSCHACHTELIBA
ARINGCQJPÄERBUSHHCREMELWÄZEPUPPEQUTI

a eine _____ Pralinen
b ein _____ – es riecht nach Blumen
c eine _____ für die Hände
d eine _Kette_ für die Ehefrau
e eine _____ für das kleine Mädchen
f ein _____ zur Hochzeit

Wörter ___/5 Punkte
- 0–2
- 3
- 4–5

2 Ergänzen Sie.

Michael war in Lübeck. Er bringt sein**er** (a) Frau ein Kochbuch mit. Sein_____ (b) Kindern hat er eine Puppe und einen Teddy gekauft. Er zeigt sei_____ (c) Chef und sein_____ (d) Kollegin Fotos von der Stadt. Er empfiehlt ein_____ (e) Freund einen Ausflug nach Lübeck.

Grammatik ___/4 Punkte

3 Ordnen Sie zu.

es   es   ~~Ihnen~~   Ihnen   Ihnen   sie   uns

Online eine Torte bestellen – so geht es: Füllen Sie das Online-Formular aus. Wir machen _Ihnen_ (a) ein Angebot und schicken _____ (b) _____ (c). Wünschen Sie sich etwas Besonderes? Sie können _____ (d) _____ (e) gern sagen. Wir backen Ihre Torte und bringen _____ (f) _____ (g) pünktlich.

___/6 Punkte
- 0–5
- 6–7
- 8–10

4 Ordnen Sie zu.

Die Hauptsache ist   ich finde es sehr schön   Muss das sein
Ich schenke nicht gern   ~~Mir ist wichtig~~

◆ Nächste Woche endet der Deutschkurs. Was schenken wir unserer Lehrerin?
○ Also, _____ (a), wenn ich Blumen bekomme. Darüber freut sich Frau Riedel sicher auch.
◆ Ach nein. _____ (b) Blumen, weil das langweilig ist. _Mir ist wichtig_ (c), dass das Geschenk zu Frau Riedel passt. Wir könnten ein Lied für sie singen. Auf Deutsch.
○ _____ (d)? Ich kann nicht gut singen.
◆ Das macht nichts. _____ (e), dass Frau Riedel die Idee gefällt.
○ Okay, du hast recht.

Kommunikation ___/4 Punkte
- 0–2
- 3
- 4

einhunderteinundachtzig 181

Lernwortschatz

1 Ankommen

FOTO-HÖRGESCHICHTE

1 an·sehen, du siehst an, er sieht an (hat angesehen) — Tim sieht sich ein Foto von Lara an.

um·ziehen, (ist umgezogen) — Er ist umgezogen.

glücklich — Tim ist glücklich.

• der Nachbar, -n / • die Nachbarin, -nen — Er trifft im Supermarkt Nachbarn.

• der Einkauf, ⸚e — Tim geht es nach dem Einkauf besser.

2 • das Zentrum, Zentren — Die Wohnung gefällt ihm nicht, sie ist weit vom Zentrum weg.

• das Gefühl, -e — Tim hat das Gefühl: Er ist allein.

kennen·lernen (hat kennengelernt) — Im Supermarkt lernt Tim zwei Nachbarn kennen.

A

A1 weil — Tim ist traurig, weil er allein ist.

A3 studieren (hat studiert) — Ich möchte in Marburg studieren.

A4 verdienen (hat verdient) — Weil ich mehr verdienen will.

vermissen (hat vermisst) — Weil ich meine Heimat vermisse.

B

B1 • der Umzug, ⸚e — Ich war nach dem Umzug sehr müde und traurig.

• die Sachen (Pl.) — Ich habe nur meine Sachen ausgepackt und habe Lara angerufen.

aus·packen (hat ausgepackt) — Ich habe nur meine Sachen ausgepackt und habe Lara angerufen.

kurz — Ich bin dann noch kurz in den Supermarkt gegangen und habe eingekauft.

passieren (ist passiert) — Und heute Morgen ist das passiert.

• der Wecker, - — Ich habe den Wecker nicht gehört und bin zu spät aufgestanden.

laufen (ist gelaufen) — Ich bin schnell zur S-Bahn gelaufen.

C

C1 klingen
(hat geklungen) — Das klingt aber nicht gut.

erleben (hat erlebt) — So was hast du noch nicht erlebt!

C2 verpassen
(hat verpasst) — Ich habe die S-Bahn verpasst.

bemerken
(hat bemerkt) — Schatz, ich habe den Schlüssel vergessen und es jetzt erst bemerkt.

erfahren (hat erfahren) — Ich habe gerade erfahren: Heute muss ich lange arbeiten.

• die Geldbörse, -n — Stell dir vor, Jan hat im Urlaub seine Geldbörse verloren.

verlieren (hat verloren) — Stell dir vor, Jan hat im Urlaub seine Geldbörse verloren.

• das Pech (Sg.) — So ein Pech!

• die Kreditkarte, -n — Mit Papieren und Kreditkarte?

C2 • das Fundbüro, -s — Ich habe beim Fundbüro angerufen.

D

D1 • die Wohngemein-
schaft, -en (WG) — Das ist wahrscheinlich die Wohngemeinschaft.

• das Dach, ¨-er — In der Dachwohnung wohnt der Single.

wahrscheinlich — Das ist wahrscheinlich die WG.

D2 bisher — Er hat bisher bei seinem Bruder gelebt.

• der Student, -en /
• die Studentin, -nen — Patricia und Luisa sind Studentinnen.

E

E1 • die Tante, -n — Meine Tante ist die Schwester von meiner Mutter.

• die Nichte, -n — Die Tochter von meiner Schwester ist meine Nichte.

• der Cousin, -s /
• die Cousine, -n — Meine Cousine ist die Tochter von meinem Onkel.

• der Schwiegervater, ¨- /
• die Schwiegermutter, ¨- — In der Mitte steht Boris, Veras Schwiegervater.

• der Schwager, ¨- /
• die Schwägerin, -nen — Meine Schwägerin ist die Schwester von meinem Mann.

Lernwortschatz

E4
- der Onkel, - — Mein Onkel ist der Bruder von meinem Vater.
- der Neffe, -n — Er ist also Veras Neffe.
- berufstätig — Sie ist berufstätig.
- der Rentner, - / die Rentnerin, -nen — Er ist Rentner.
- der Haushalt, -e — Sie hilft ihrer Tochter im Haushalt und spielt gern mit den Enkeln.

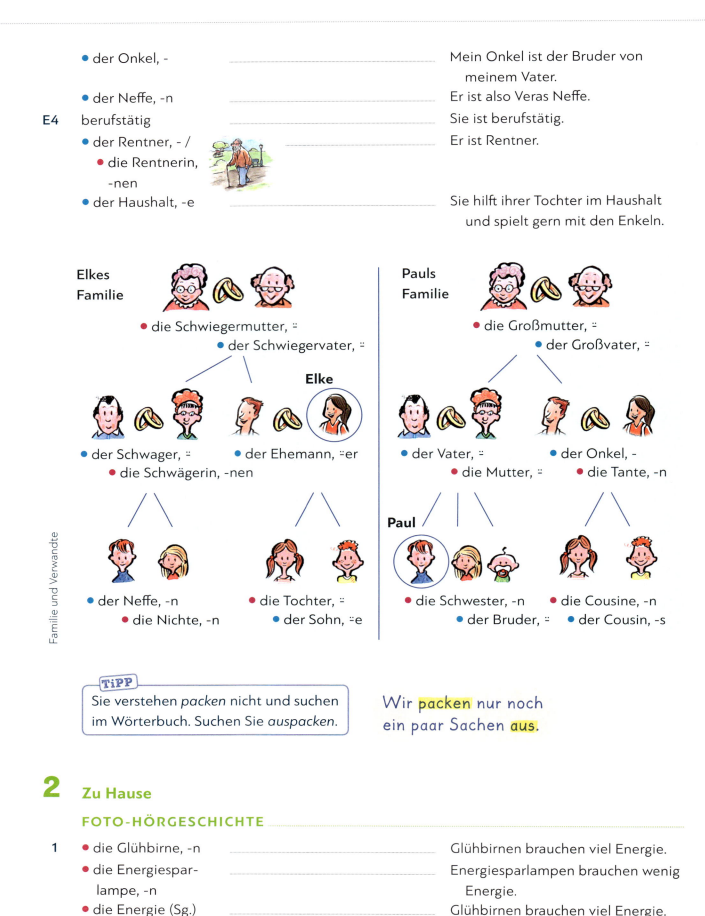

Elkes Familie
- die Schwiegermutter, ⸚
- der Schwiegervater, ⸚
- der Schwager, ⸚
- die Schwägerin, -nen
- der Ehemann, ⸚er
- der Neffe, -n
- die Nichte, -n
- die Tochter, ⸚
- der Sohn, ⸚e

Pauls Familie
- die Großmutter, ⸚
- der Großvater, ⸚
- der Vater, ⸚
- die Mutter, ⸚
- der Onkel, -
- die Tante, -n
- die Schwester, -n
- der Bruder, ⸚
- die Cousine, -n
- der Cousin, -s

Familie und Verwandte

TiPP Sie verstehen *packen* nicht und suchen im Wörterbuch. Suchen Sie *auspacken*.

Wir **packen** nur noch ein paar Sachen **aus**.

2 Zu Hause

FOTO-HÖRGESCHICHTE

1
- die Glühbirne, -n — Glühbirnen brauchen viel Energie.
- die Energiesparlampe, -n — Energiesparlampen brauchen wenig Energie.
- die Energie (Sg.) — Glühbirnen brauchen viel Energie.
- benutzen (hat benutzt) — Energiesparlampen muss man heute benutzen.

	wenig	Energiesparlampen brauchen wenig Energie.
3	• die Decke, -n	Weil die Lampe an der Decke hängt.
	hängen (hat gehängt / hat gehangen)	Weil die Lampe an der Decke hängt.
	wechseln (hat gewechselt)	Warum kann Frau Sicinski die Glühbirnen nicht selbst wechseln?

A

A1	• das Schloss, ⸚er	Der Schlüssel steckt im Schloss.
	stecken (hat gesteckt)	Der Schlüssel steckt im Schloss.
	• die Leiter, -n	Tim steht auf der Leiter.
A2	• die Wand, ⸚e	Das Bild hängt an der Wand.
A3	• die Katze, -n	Die Katze sitzt in dem Papierkorb.
A5	• das Heft, -e	Die Hefte liegen auf den Tischen.
	• die Landkarte, -n	Die Landkarte steht neben der Tafel.
	• der Boden, ⸚	Die Taschen stehen auf dem Boden.
	• die Tafel, -n	Die Landkarte steht neben der Tafel.

B

B1	legen (hat gelegt)	Tim legt die Sachen auf den Tisch.
	stellen (hat gestellt)	Tim stellt die Leiter an die Wand.
B2	• die Pflanze, -n	Die Pflanze steht vor den Schränken.
B5	• der Stift, -e	Und ich lege einen Stift auf das Handy.

C

C1	herein-, rein-	Kommen Sie doch rein!
	rein·kommen (ist reingekommen)	Kommen Sie doch rein!
	• der Müll (Sg.)	Das kommt da rein – in den Müll!
	• die Vorsicht (Sg.)	Vorsicht, Tim! Fallen Sie nicht runter!
	herunter-, runter-	Fallen Sie nicht runter!
	fallen, du fällst, er fällt (ist gefallen)	Fallen Sie nicht runter!
	raus	Der Frosch springt aus der Box raus.
	runter	Der Frosch springt von der Box runter.

D

D1	• die Mitteilung, -en	Ja, wir haben auch ein Brett mit Mitteilungen.
	trennen (hat getrennt)	Bitte trennen Sie den Müll sorgfältig.
	• der Abfall, ⸚e	Leider liegt im Biomüll immer wieder anderer Abfall, zum Beispiel Plastik.

Lernwortschatz

• das Beispiel, -e	Leider liegt im Biomüll immer wieder anderer Abfall, zum Beispiel Plastik.
beachten (hat beachtet)	Bitte beachten Sie: Die Müllabfuhr leert falsch befüllte Mülltonnen nicht.
• die Müllabfuhr, -en	Die Müllabfuhr leert falsch befüllte Mülltonnen nicht.
• die Mülltonne, -n	Die Müllabfuhr leert falsch befüllte Mülltonnen nicht.
• der Bewohner, - / • die Bewohnerin, -nen	An alle Bewohner der Unterkunft Friesenstraße 28!
• die Unterkunft, ⸚e	An alle Bewohner der Unterkunft Friesenstraße 28!
• das Tor, -e	Immer wieder stehen Fahrräder vor der Unterkunft oder am Eingangstor.
ab·stellen (hat abgestellt)	Bitte stellen Sie Ihre Fahrräder im Hof in den Fahrradständern oder im Keller ab.
• der Hof, ⸚e	Bitte stellen Sie Ihre Fahrräder im Hof in den Fahrradständern oder im Keller ab.
• die Verwaltung, -en	Thomas Behringer – Verwaltung
• das Verständnis (Sg.)	Wir hoffen auf Ihr Verständnis.
hoffen (hat gehofft)	Wir hoffen auf Ihr Verständnis.
entfernen (hat entfernt)	Bitte entfernen Sie Möbel und Gegenstände vor den Heizungen.
• der Gegenstand, ⸚e	Bitte entfernen Sie Möbel und Gegenstände vor den Heizungen.
• der Mieter, - / • die Mieterin, -nen	Die Mieter sollen den Müll besser trennen.
trennen (hat getrennt)	Die Mieter sollen den Müll besser trennen.

D2

• der Kinderwagen, -	Kinderwagen und Fahrräder darf man nicht vor den Aufzug stellen.
• der Aufzug, ⸚e	Kinderwagen und Fahrräder darf man nicht vor den Aufzug stellen.
• die Treppe, -n	Kinderwagen und Fahrräder darf man nicht vor den Aufzug stellen, man muss sie unter die Treppe stellen.

E

E2 schmutzig — Unser Treppenhaus ist oft schmutzig.

sauber — Bei uns ist es sauber.

riechen (hat gerochen) — Und in unserem Hausflur riecht es oft nicht gut.

E3 • die Situation, -er — Situation 1

vor·schlagen,
 du schlägst vor,
 er schlägt vor
(hat vorgeschlagen) — Sie schlagen vor, dass Sie das Fenster oft aufmachen.

tragen (hat getragen) — Das finden Sie nicht so gut, weil Sie im dritten Stock wohnen und den Kinderwagen nicht immer rauftragen können.

• die Absicht, -en — Das war keine Absicht.

Im Mietshaus

• der Bewohner, -
• die Bewohnerin, -nen

• der Biomüll (Sg.)

• der Abfall, ⸚e

• das Plastik (Sg.)

• die Mülltonne, -n

• der Kinderwagen, -

• der Aufzug, ⸚e

• die Treppe, -n

• der Briefkasten, ⸚

TiPP Schreiben Sie schwierige Wörter auf und sprechen Sie sie laut.

beachten

einhundertsiebenundachtzig **187**

Lernwortschatz

3 Essen und Trinken
FOTO-HÖRGESCHICHTE

3	ohne	Zuerst gibt es Moussaka, einen griechischen Auflauf, mit und ohne Fleisch.
	• die Nachspeise, -n	Als Nachspeise gibt es Joghurt mit Honig und Nüssen.
	• der Honig (Sg.)	Als Nachspeise gibt es Joghurt mit Honig und Nüssen.

A

A1	• das Huhn, ⸚er	Ich esse am liebsten Hühnerfleisch.
	nie	Rindfleisch und Schweinefleisch esse ich fast nie!
	• das Rind, -er	Rindfleisch und Schweinefleisch esse ich fast nie!
	• das Schwein, -e	Rindfleisch und Schweinefleisch esse ich fast nie!
	höchstens	Höchstens dreimal im Jahr!
	fast	Ich esse fast immer vegetarisch.
	vegetarisch	Ich esse fast immer vegetarisch.
	selten	Nur sehr selten esse ich mal ein bisschen Fleisch.
A2	• die Süßigkeit, -en	Wie oft isst du Süßigkeiten?
	• der Alkohol (Sg.)	Wie oft trinkst du Alkohol?
	• die Kantine, -n	Wie oft isst du in der Kantine?
A3	• das Forum, Foren	Internetforum
	unterwegs	Ich bin viel unterwegs und habe oft keine Zeit für eine richtige Mahlzeit.
	• die Mahlzeit, -en	Ich bin viel unterwegs und habe oft keine Zeit für eine richtige Mahlzeit.
	• die Tasse, -n	Acht Tassen pro Tag sind es bestimmt.
	gesund	Ich finde gesundes Essen wichtig.
	• die Bohne, -n	Ich nehme fast immer das vegetarische Gericht, heute zum Beispiel Bohnen-Reis-Eintopf.
	• die Suppe, -n	Am Abend esse ich oft einen Salat oder eine Suppe, manchmal Fisch mit Kartoffeln.

3

	• die Gewohnheit, -en	Ich lebe seit 30 Jahren in Deutschland und habe viele Gewohnheiten übernommen.
	übernehmen, du übernimmst, er übernimmt (hat übernommen)	Ich lebe seit 30 Jahren in Deutschland und habe viele Gewohnheiten übernommen.
	• die Marmelade, -n	Zum Frühstück esse ich fast immer ein Marmeladenbrot.
	verbieten (hat verboten)	Das verbietet meine Religion.
	• die Religion, -en	Das verbietet meine Religion.
A 4	• die Zitrone, -n	Und meistens trinke ich Kaffee, manchmal auch Tee mit Zitrone.
	• das Müsli, -s	Meine Frau isst immer Müsli, das mag ich gar nicht.

B

B1	• die Pfanne, -n	Das ist eine Pfanne.
	• das Messer, -	Oh, mein Messer ist runter gefallen.
	• der Teller, -	Gibst du mir deinen Teller, Tim?
	• die Schüssel, -n	Das ist eine Schüssel.
	• die Gabel, -n	Ich brauche eine Gabel.
	• der Topf, ⸚e	Das ist ein Topf.
	• die Kanne, -n	Das ist eine Kanne.
	• der Löffel, -	Du, Dimi, wo sind denn die Löffel?

C

C1	(sich) aus·ziehen (hat ausgezogen)	Soll ich die Schuhe ausziehen?
	• der Gast, ⸚e	Das schmeckt allen Gästen.
	wieder·kommen (ist wiedergekommen)	Komm bald wieder!

D

D1	an·bieten (hat angeboten)	Ihr Gastgeber bietet noch etwas an.
	höflich	Das ist höflich.
	satt	Sie sind satt, aber Sie dürfen nicht „Nein" sagen.
	direkt	Nach dem Essen geht man nicht direkt nach Hause.
D2	überraschen (hat überrascht)	Das überrascht mich.
	seltsam	Das finde ich seltsam.

einhundertneunundachtzig **189**

Lernwortschatz

	genauso	Bei uns ist das genauso.
	anders	Bei uns ist das anders.
D3	• das Rezept, -e (Kochbuch)	Mein Lieblingsrezept ist …
	süß	Ich koche oft süß.
	scharf	Ich koche oft scharf.
	salzig	Ich koche oft salzig.
	fett	Ich koche oft fett.
	bitter	Ich koche oft bitter.

E

E1	zufrieden	Ein Gast ist mit dem Essen nicht zufrieden.
	• das Trinkgeld, -er	Die Kellnerin bekommt kein Trinkgeld.
E2	frisch	Entschuldigung, aber der Salat ist nicht frisch.
	reklamieren (hat reklamiert)	Er reklamiert den Salat.
E3	• das Schnitzel, -	Sie möchten ein Schnitzel mit Salat.

Geschirr und Besteck

• der Löffel, -   • das Messer, -   • der Teller, -   • die Gabel, -n   • der Topf, ¨e

• die Kanne, -n   • die Schüssel, -n   • die Pfanne, -n   • die Tasse, -n   • das Glas, ¨er

TiPP Suchen Sie Wörter zu einem Thema.

• die Marmelade
• das Frühstück
• das Müsli   …

190 einhundertneunzig

4 Arbeitswelt

FOTO-HÖRGESCHICHTE

1 • die Besprechung, -en — Sie muss zu einer Besprechung.

A

A1 lösen (hat gelöst) — Wenn es ein Problem gibt, dann löst es bitte selbst.

B

B2 • der Tipp, -s — Tipps für die Jobsuche.
regelmäßig — Lesen Sie regelmäßig die Stellenanzeigen in Zeitungen und im Internet.
achten auf (hat geachtet) — Achten Sie auf Zettel und Aushänge in Kaufhäusern und Supermärkten.
• der Zettel, - — Achten Sie auf Zettel und Aushänge in Kaufhäusern und Supermärkten.
• der / • die Bekannte, -n — Fragen Sie Freunde, Bekannte und Nachbarn.
nutzen (hat genutzt) — Nutzen Sie Plattformen, Foren und Portale im Internet.
• die Plattform, -en — Nutzen Sie Plattformen, Foren und Portale im Internet.
• die Agentur, -en — Machen Sie einen Termin mit dem BIZ (Berufsinformationszentrum), in der Agentur für Arbeit oder mit einem Berufsberater.

B3 freundlich — Seien Sie immer freundlich zu den Kollegen.

C

C2 • die Berufserfahrung, -en — Wir suchen eine Köchin/einen Koch mit Berufserfahrung.
• die Aufgabe, -n — Ihr Aufgabengebiet: Zubereitung von warmen und kalten Speisen
• das Gebiet, -e — Ihr Aufgabengebiet: Zubereitung von warmen und kalten Speisen
zubereiten (hat zubereitet) — Zubereitung von warmen und kalten Speisen
• der Dienst, -e — Arbeit im Mittags- und Spätdienst
(an)bieten (hat angeboten) — Das bieten wir.
• das Gehalt, ¨-er — Das bieten wir: gutes Gehalt und gute Sozialleistungen
Sozial- — Das bieten wir: gutes Gehalt und gute Sozialleistungen

einhunderteinundneunzig 191 LWS

Lernwortschatz

	• die Leistung, -en	Das bieten wir: gutes Gehalt und gute Sozialleistungen
	verpflegen (hat verpflegt)	Das bieten wir: Verpflegung
	(sich) freuen (hat gefreut)	Wir freuen uns auf Ihre Bewerbung an Kaiserhof – Restaurant*Hotel
	• das Zuhause (Sg.)	Aber sie kann nur abends arbeiten, weil die Kinder tagsüber zu Hause sind.
C3	• der Friseur, -e / • die Friseurin, -nen	Ausbildung Friseur/Friseurin
	cool	Du magst coole Frisuren?
	• der Mensch, -en	Du sprichst gern mit Menschen und hast gute Deutschkenntnisse?
	• die Kenntnisse (Pl.)	Du sprichst gern mit Menschen und hast gute Deutschkenntnisse?
	• der Azubi, -s / • die Azubine, -n	Wir sind ein junges, kreatives Team und suchen zwei Azubis.
	schriftlich	Schriftliche Bewerbung bitte an: Salon Figaro …
	• der Salon, -s	Schriftliche Bewerbung bitte an: Salon Figaro …
	• der Abschluss, ⸚e	… und hat hier auch ihren Schulabschluss gemacht.
	• die Berufsschule, -n	Wann ist denn immer Berufsschule?
	• das Studium, Studien	Wann beginnt denn das Studium?
C4	• der Bau (Sg.)	Wie lange arbeitet Anil schon auf dem Bau?
	• der Arbeiter, - / • die Arbeiterin, -nen	Anil ist seit vielen Jahren Arbeiter auf dem Bau.
	kündigen (hat gekündigt)	Er ist mit seiner Stelle nicht zufrieden und möchte kündigen.
	(sich) verbessern (hat verbessert)	Aber er möchte sein Deutsch unbedingt in einem Abendkurs verbessern.
	• der Zeitpunkt (Sg.)	Wir suchen zum nächstmöglichen Zeitpunkt einen Maurer (m/w/d).
	möglich	Wir suchen zum nächstmöglichen Zeitpunkt einen Maurer (m/w/d).
	• der Vorteil, -e	Berufserfahrung von Vorteil

4

- der Fleiß (Sg.) — Berufserfahrung von Vorteil
- die Pünktlichkeit (Sg.) — Berufserfahrung von Vorteil, Fleiß und Pünktlichkeit ...
- extra — Man bekommt von der Firma noch Extras wie Essensgeld.

D

D1 niemand — Nein, da ist im Moment niemand da.
- die Durchwahl, -en — Können Sie mir seine Durchwahl geben?
- aus·richten (hat ausgerichtet) — Kann ich ihm etwas ausrichten?
- verbinden mit (hat verbunden) — Können Sie mich bitte mit Herrn Müller verbinden?
- versuchen (hat versucht) — Ich versuche es später noch einmal.
- die Abteilung, -en — Kann ich bitte Herrn Hofer aus der Personalabteilung sprechen?
- jemand — Ist sonst jemand aus der Personalabteilung da?

E

E1
- der Arbeitnehmer, - / die Arbeitnehmerin, -nen — Wie viele Urlaubstage haben deutsche Arbeitnehmer durchschnittlich?
- deutsch — Wie viele Urlaubstage haben deutsche Arbeitnehmer durchschnittlich?
- durchschnittlich — Wie viele Urlaubstage haben deutsche Arbeitnehmer durchschnittlich?
- die Ahnung, -en — Keine Ahnung.

E2 insgesamt — Wenn man die Urlaubs- und Feiertage zusammenzählt, haben deutsche Arbeitnehmer insgesamt acht Wochen frei.
- rund — Viele deutsche Arbeitnehmer haben rund 30 Tage Urlaub pro Jahr.
- sogar — ... in Kanada und China sogar nur zehn.

einhundertdreiundneunzig 193

Lernwortschatz

Arbeitswelt

- die Besprechung, -en
- das Material, Materialien
- der Betrieb, -e
- die Firma, Firmen

- der Rentner, - /
  - die Rentnerin, -nen
- der Arbeitnehmer, - /
  - die Arbeitnehmerin, -nen
- der Chef, -s / • die Chefin, -nen
- das Gehalt, ⸚er

TiPP
Schreiben Sie Sätze mit neuen und alten Wörtern. Schreiben Sie zum Beispiel über Ihre Arbeit.

Ich arbeite bei …
Ich mache …

TiPP
Lernen Sie Wortgruppen immer zusammen.

zufrieden sein mit
…

5 Sport und Fitness

FOTO-HÖRGESCHICHTE

1. (sich) bewegen (hat bewegt) — Ich bewege mich zurzeit nicht genug.
   genug — Ich bewege mich zurzeit nicht genug.
   (sich) interessieren für (hat interessiert) — Ich interessiere mich sehr für den Tanzsport.
   - der Tanz, ⸚e — Ich interessiere mich sehr für den Tanzsport.
   statt·finden (hat stattgefunden) — Wann findet denn das Basketball-training statt?
   - der Basketball (Sg.) — Wann findet denn das Basketball-training statt?

2. (sich) fühlen (hat gefühlt) — Tim fühlt sich nicht so gut.
   - das Video, -s — Sandra schickt ihm ein Trainings-video.
   hin·fallen, du fällst hin, er fällt hin (ist hingefallen) — Tim probiert den Tanz aus und fällt dabei hin.
   - die Gymnastik (Sg.) — Tim probiert den Tanz aus und macht dabei Gymnastik.
   - die Lust (Sg.) — Auf Tanzen hat Tim große Lust.

	• der Versuch, -e		Am nächsten Tag erzählt Tim von seinen Tanzversuchen.
3	sportlich		Ich bin leider nicht sportlich.
	A		
A2	fit		So werden Sie wieder fit!
	• die Bewegung, -en		..., denn Bewegung und frische Luft sind gut für Ihren Körper.
	• der Spaziergang, ⸚e		Aber auch ein kurzer Spaziergang hilft.
	• die Luft (Sg.)		..., denn Bewegung und frische Luft sind gut für Ihren Körper.
	• der Körper, -		..., denn Bewegung und frische Luft sind gut für Ihren Körper.
	(sich) verabreden (hat verabredet)		Verabreden Sie sich mit Ihren Freunden ...
	gemeinsam		Denn gemeinsam machen Sport und Spaziergänge mehr Spaß!
	• die Entspannung (Sg.)		Entspannung: Sie sind tagsüber müde, weil Sie nachts schlecht schlafen?
	nachts		Sie sind tagsüber müde, weil Sie nachts schlecht schlafen?
	(sich) duschen (hat geduscht)		Legen Sie sich in die Badewanne oder duschen Sie heiß.
	(sich) aus·ruhen (hat ausgeruht)		Ruhen Sie sich aus und entspannen Sie sich.
	• die Ernährung (Sg.)		Schlechte Ernährung macht müde.
	• die Ursache, -n		Schlechte Ernährung macht müde und ist die Ursache für viele Krankheiten.
	grundsätzlich		Grundsätzlich gilt: Ernähren Sie sich gesund!
	(sich) ernähren (hat ernährt)		Ernähren Sie sich gesund.
	• die Gesundheit (Sg.)		Bewegung und frische Luft sind gut für Ihre Gesundheit.
	öfter		Sie sind schnell wieder fit, wenn Sie öfter mal eine Pause machen und sich entspannen.
A3	(sich) ärgern über (hat geärgert)		Vielleicht ärgerst du dich zu viel?
A4	(sich) an·ziehen (hat angezogen)		Ziehst du dich an?

einhundertfünfundneunzig **195**

Lernwortschatz

	(sich) beeilen (hat beeilt)	Beeilst du dich?
	(sich) beschweren (hat beschwert)	Beschwerst du dich?
	(sich) kämmen (hat gekämmt)	Kämmst du dich?
	(sich) konzentrieren auf (hat konzentriert)	Konzentrierst du dich?
	(sich) rasieren (hat rasiert)	Rasierst du dich?
	(sich) schminken (hat geschminkt)	Schminkst du dich?
	(sich) um·ziehen (hat umgezogen)	Ziehst du dich um?
	(sich) waschen (hat gewaschen)	Wäschst du dich?

B

B1
- die Weltmeisterschaft, -en — Ich interessiere mich für die Basketball-Weltmeisterschaft.
- das Theater, - — Ich interessiere mich für das Theater.
- die Nachrichten (Pl.) — Ich interessiere mich sehr für die Sportnachrichten.

eigentlich — Ja, eigentlich schon.
überhaupt — Nein, überhaupt nicht.

- die Wettervorhersage, -n — Interessierst du dich für die Wettervorhersage?

B2
- die Mannschaft, -en — Morgen treffe ich mich mit ein paar Mannschaftskollegen in einer Kneipe.
- die Kneipe, -n — Morgen treffe ich mich mit ein paar Mannschaftskollegen in einer Kneipe.

B3
träumen von (hat geträumt) — Wovon träumst du oft?
- die Angst, ⸚e — Wovor hast du oft Angst?
(sich) erinnern (hat erinnert) — Woran erinnerst du dich gern?

C

C1 ehrlich — Ehrlich gesagt: Nein …
C2
- das Tennis (Sg.) — Interessierst du dich für Tennis?
- das Tischtennis (Sg.) — Interessierst du dich für Tischtennis?
- der Volleyball (Sg.) — Interessierst du dich für Volleyball?

C3
- die Ferien (Pl.) — Ich freue mich auf die Ferien.

6

D

D1
- das Mitglied, -er .... Der Mitgliedsbeitrag beträgt
  5 Euro pro Monat.
- der Beitrag, ¨e .... Der Mitgliedsbeitrag beträgt
  5 Euro pro Monat.

betragen, es beträgt .... Der Mitgliedsbeitrag beträgt
  (hat betragen)   5 Euro pro Monat.

D2 zusätzlich .... + zusätzliche Gebühr
verschieden .... Es gibt verschiedene Gruppen.
- die Ermäßigung, -en .... Gibt es eine Ermäßigung für
  Auszubildende?
- der / ● die Auszubil- .... Gibt es eine Ermäßigung für
  dende, -n   Auszubildende?
kostenlos .... Die erste Stunde ist kostenlos.

Sportarten:

Tennis spielen | Basketball spielen | Gymnastik machen | Tischtennis spielen
Volleyball spielen | Fitnesstraining machen | joggen | schwimmen
Fahrrad fahren | Fußball spielen | wandern | tanzen

TiPP
Lernen Sie Wörter mit Bewegung.

Ich kämme mich.

6 Schule und Ausbildung

FOTO-HÖRGESCHICHTE

1
- das Zeugnis, -se .... Zwischenzeugnis für den Schüler
  des Lessing-Gymnasiums Niki
  Kaiopoulos.
- das (Schul-)Fach, ¨er .... das Fach Erdkunde
- die Note, -n .... die gute/schlechte Note
- das Gymnasium, ... das Gymnasium: Wer diese Schule
  Gymnasien   besucht, macht das Abitur.

einhundertsiebenundneunzig **197**

Lernwortschatz

	schaffen (hat geschafft)	ein Schuljahr schaffen
	• das Referat, -e	ein Referat halten
	• das Abitur (Sg.)	Wer diese Schule besucht, macht das Abitur.
	faul	fleißig – faul
	schrecklich	toll – schrecklich
	fleißig	fleißig – faul
	intelligent	intelligent – dumm
2	(sich) streiten (hat gestritten)	Warum streiten Eva und Niki?
3	dass	Tim meint, dass Niki zu dumm für das Gymnasium ist.
	leicht	Tim denkt, dass Niki leicht eine Vier in Erdkunde schaffen kann.

A

A2	• das Büro, -s	Sie wollte nicht in einem Büro arbeiten.
	• der Architekt, -en / • die Architektin, -nen	Dimi wollte Architekt werden.
	• das Metall, -e	Er musste eine Ausbildung im Metallbau machen.
A3	auf·passen (hat aufgepasst)	Musstest du auf deine Geschwister aufpassen?

B

B1	vorhin	Es tut mir leid, dass ich das vorhin gesagt habe.
B2	anstrengend	Die Schule ist anstrengend.
B3	• die Diskussion, -en	Eine Diskussion im Radio.
	• die Sendung, -en	Eine Sendung im Fernsehen.
	• die Aktivität, -en	Freizeitaktivitäten und Hobbys sind sehr wichtig.
	• das Interesse, -n	Man muss herausfinden, welche Interessen man hat.
B4	wenn	Mein Sohn lernt nicht, wenn er keine Noten bekommt.
	recht haben	Du hast recht.

C

| C1 | • die Physik (Sg.) | Ich war immer gut in der Schule, vor allem in Mathematik, aber auch Physik und Chemie habe ich gemocht. |
| | • die Biologie (Sg.) | Mein Lieblingsfach ist Biologie. |

6

• die Chemie (Sg.)	Ich war immer gut in der Schule, vor allem in Mathematik, aber auch Physik und Chemie habe ich gemocht.
• die Geografie (Sg.)	Mein Lieblingsfach ist Geografie.
• die Geschichte (Unterrichtsfach) (Sg.)	Aber auch Geschichte war ganz interessant.
• die Kunst (Sg.)	Ich hatte richtig gute Noten! Besonders in Kunst und Musik.
• die Sozialkunde (Sg.)	Mein Lieblingsfach ist Sozialkunde.

C2

• die Realschule, -n	Ich bin in die Grundschule gegangen und habe danach die Realschule besucht.
• die Gesamtschule, -n	Ich bin mit sieben in die Grundschule und mit elf in die Gesamtschule gekommen.
hassen (hat gehasst)	Ich habe viele Fächer nicht gemocht, besonders Deutsch und Englisch habe ich gehasst.
absolut	Das war mein absolutes Lieblingsfach.
vor allem	Ich war immer gut in der Schule, vor allem in Mathematik.
technisch	Nach dem Abitur habe ich an der Technischen Universität Informatik studiert.
• die Uni, -s / • die Universität, -en	Nach dem Abitur habe ich an der Technischen Universität Informatik studiert.
• die Hauptschule, -n	Nach der 9. Klasse habe ich den Hauptschulabschluss gemacht.
• die Mittelschule, -n	Hauptschule/Mittelschule
• die Fachhochschule, -n	Universität/Fachhochschule
praktisch	Berufsschule und praktische Ausbildung
• das System, -e	duales System
• die Krippe, -n	Krippe (0 – 3 Jahre, freiwillig)
freiwillig	Krippe (0 – 3 Jahre, freiwillig)

C3 streng — Meine Lehrerin war sehr streng.

D

D1

• die Theorie, -n	Sie verstehen aber die Fragen für die Theorieprüfung nicht richtig?

einhundertneunundneunzig **199**

Lernwortschatz

außerdem	Außerdem helfen wir Ihnen beim Umgang mit den Lehrmaterialien.
• das Material, -ien	Außerdem helfen wir Ihnen beim Umgang mit den Lehrmaterialien.
• die Einführung, -en	Einführung in den PC: Keine Angst vor Computern!
• der PC, -s	Einführung in den PC: Keine Angst vor Computern!
speichern (hat gespeichert)	Das lernen Sie: den sicheren Umgang mit „Word": schreiben, speichern, drucken
drucken (hat gedruckt)	Das lernen Sie: den sicheren Umgang mit „Word": schreiben, speichern, drucken
• die Erfahrung, -en	Sie haben schon Erfahrung mit dem Internet?
• die Vorbereitung, -en	Berufsvorbereitungsjahr für Migrantinnen und Migranten
• der Migrant, -en / • die Migrantin, -nen	Berufsvorbereitungsjahr für Migrantinnen und Migranten
sozial	In diesem einjährigen Lehrgang können junge Menschen (ab 16 Jahren) Deutsch für den Beruf lernen und berufliche und soziale Kompetenzen erwerben.
• der Vortrag, ¨e	Vortrag Bewerbungstraining
(sich) bewerben, du bewirbst, er bewirbt (hat beworben)	Wie bewirbt man sich richtig?
• das Schreiben, -	Wie formuliert man das Bewerbungsschreiben?
präsentieren (hat präsentiert)	Wie präsentiert man sich beim Vorstellungsgespräch?
• der Experte, -n / • die Expertin, -nen	Unsere Expertin zeigt Ihnen die besten Tipps und Tricks.
• die Zweitsprache, -n	Deutsch als Zweitsprache
• das Zertifikat, -e	Halbjähriger Lehrgang mit Abschlusszertifikat
• das Praktikum, Praktika	Mit zweimonatigem Praktikum im Pflegebereich
• die Förderung, -en	Förderung durch die Bundesagentur für Arbeit möglich
• die Beratung, -en	Anmeldung und Beratung

(sich) verletzen (hat verletzt)		Ihr Kind hat sich verletzt.
bluten (hat geblutet)		Es blutet stark.
stark		Es blutet stark.
• der Notarzt, ⸚e / • die Notärztin, -nen		Der Notarzt ist noch nicht da!
• die Not, ⸚e		Wir zeigen Ihnen die richtigen Handgriffe in Notsituationen.

D2 • die Nachhilfe, -n — Der Mann sucht Nachhilfe-Unterricht für seinen Sohn.

schwierig — Er findet die Theorie-Prüfung nicht schwierig.

D3 (sich) vor·bereiten (hat vorbereitet) — Sie möchte sich gern auf einen Beruf vorbereiten.

• die Physik (Sg.)   • die Biologie (Sg.)   • die Chemie (Sg.)   • die Geografie (Sg.)   • die Erdkunde (Sg.)

• die Kunst (Sg.)   • die Geschichte (Sg.)   • die Musik (Sg.)   • die Mathematik (Sg.)

• der Sport (Sg.)   • die Sozialkunde (Sg.)

Schulfächer

TiPP
Schreiben Sie die Buchstaben eines Wortes untereinander. Finden Sie Wörter dazu.

Sport
Chemie
Hausaufgaben
Unterricht
Lieblingslehrer
Erdkunde

Lernwortschatz

7 Feste und Geschenke

FOTO-HÖRGESCHICHTE

1 unbekannt — Wer ist der unbekannte Mann auf den Fotos 6 bis 8?

2 entscheiden (hat entschieden) — Tim soll morgen entscheiden: Nimmt er das Zimmer oder nicht?

basteln (hat gebastelt) — Betty bastelt eine Karte für Frau Sicinski.

• die Karte, -n — Betty bastelt eine Karte für Frau Sicinski.

A

A1 • das Baby, -s — Ich kaufe meinem Baby einen Teddy.
A2 • der Geldbeutel, - — Ich schenke ihm einen Geldbeutel.
• die Creme, -s — Ich schenke ihr eine Handcreme.
• die Kette, -n — Ich schenke ihr eine Kette.
• das Parfüm, -e/-s — Ich schenke dir ein Parfüm.
• die Puppe, -n — Ich schenke ihm eine Puppe.
• die Handtasche, -n — Ich schenke ihr eine Handtasche.

B

B1 probieren (hat probiert) — Probieren Sie doch mal das Tzatziki, Herr Wagner.
B2 ein·packen (hat eingepackt) — Soll ich sie Ihnen als Geschenk einpacken?
B3 • die Schachtel, -n — Kannst du mir die Schachtel da rübergeben?

aus·drucken (hat ausgedruckt) — Ich muss nur noch schnell die Rechnung ausdrucken.

• die Briefmarke, -n — Kannst du mir die Briefmarken da rübergeben?

C

C1 echt — Echt?
• die Trauung, -en — Die Trauung in der Kirche war sehr feierlich.
• die Kirche, -n — Die Trauung in der Kirche war sehr feierlich.
(sich) vor·stellen (hat vorgestellt) — Stell dir vor: Ich habe beim Ringtausch sogar geweint.
• der Ring, -e — Ich habe beim Ringtausch sogar geweint.

7

	tauschen (hat getauscht)	Ich habe beim Ringtausch sogar geweint.
	weinen (hat geweint)	Ich habe beim Ringtausch sogar geweint.
	• die Torte, -n	Hmmm, und die Torte sieht ja lecker aus!
	• die Panne, -n	Aber eine Panne hat es gegeben.
	• die Sahne (Sg.)	Celias Kleid – voller Sahne!
	treten, du trittst, er tritt (ist getreten)	Beim Tanzen ist Valentin auf Celias Kleid getreten.
	nervös	Da war Valentin ein bisschen nervös, was?
	• die Feier, -n	Die Feier war einfach toll!
	fantastisch	Es hat fantastisch geschmeckt!
C3	ungefähr	Auf der Hochzeit waren ungefähr … Gäste.
	beten (hat gebetet)	Wir haben viel gebetet.
D		
D1	• der Zoo, -s	Von meinem Enkel bekomme ich immer Gutscheine, zum Beispiel für den Zoo.
E		
E1	• die SMS, -	Man kann die Gäste per SMS einladen.
	unterhalten, du unterhältst, er unterhält (hat unterhalten)	Hauptsache, das Essen ist gut und wir unterhalten uns gut.
	gemütlich	Ich finde eine Party zu Hause gemütlicher.
	• die Stimmung, -en	Ich finde es toll, wenn die Leute Spaß haben und die Stimmung gut ist.
E2	• die Welt, -en	Motto: Tänze und Musik aus aller Welt
	(sich) wünschen (hat gewünscht)	Welche Musik wünschen wir uns?

zweihundertdrei 203 LWS

Lernwortschatz

Geschenke

- die Kette, -n
- die Puppe, -n
- das Parfüm, -e/-s
- der Geldbeutel, -
- die Creme, -s
- die Praline, -n
- die Schokolade, -n
- das Buch, ¨-er
- der Ring

TiPP Malen Sie Bilder zu neuen Wörtern.

Grammatikübersicht

Nomen

Name im Genitiv: *von* + Dativ   Lektion 1

Veras Mann = der Mann von Vera

ÜG 1.03

Artikelwörter und Pronomen

Indefinitpronomen   Lektion 3

	Hier ist/sind …	Ich möchte/nehme …
• der Espresso	(k)einer	(k)einen
• das Messer	(k)eins	(k)eins
• die Portion	(k)eine	(k)eine
• die Löffel	keine/welche	keine/welche

auch so: meiner, meins, meine, meine …

der/ein Espresso	→	einer
den/einen Espresso	→	einen

ÜG 3.03

Dativ als Objekt: Possessivartikel und unbestimmter Artikel   Lektion 7

Wer?		Wem? (Person)	Was? (Sache)	
Ich	habe	• meinem Mann	Gartenstühle	gekauft.
Ich	kaufe	• meinem Baby	einen Teddy.	
Ich	backe	• meiner Nachbarin	einen Kuchen.	
Ich	schenke	• meinen Freunden	ein Buch.	

auch so: dein-, sein-, ihr-, …; ein-, kein-   **ÜG** 1.03, 2.04, 5.22

Adverbien

Direktionaladverbien   Lektion 2

auch so: rein-/raus-/rauf-/runter-/rüber-
ÜG 7.02

Grammatikübersicht

Präpositionaladverbien Lektion 5

Verb mit Präpositionen	Präpositionaladverb	Fragewort
sich interessieren für	dafür	Wofür ...?
sich freuen auf	darauf	Worauf ...?
(sich) erinnern an	daran	Woran ...?
sich ärgern über	darüber	Worüber ...?
zufrieden sein mit	damit	Womit ...?
träumen von	davon	Wovon ...?

Ich habe keine Lust auf Tanzen.
Ich habe keine Lust darauf.
→ Worauf hast du dann Lust?

ÜG 5.23

Verben

Perfekt: trennbare Verben Lektion 1

	Präfix + ge...t/en
ein✂kaufen	→ hat eingekauft
an✂rufen	→ hat angerufen
auf✂stehen	→ ist aufgestanden

auch so: aus-, ab-, auf-, ...   ÜG 5.05

Perfekt: nicht-trennbare Verben Lektion 1

			Präfix + ...t/en: **ohne** -ge-!	
erleben	du erlebst	So was	hast du noch nicht	erlebt.
bemerken	ich bemerke	Ich	habe es jetzt erst	bemerkt.
verlieren	ich verliere	Ich	habe es	verloren.

auch so: emp-, ent-, ge-, zer-, ...   ÜG 5.05

Perfekt: Verben auf -ieren Lektion 1

-iert: **ohne** -ge-!	
passieren	→ ist passiert

auch so: ver-, be-, ent-, ...   ÜG 5.05

Ratschlag: *sollen* im Konjunktiv II Lektion 4

Ich	**sollte**	
Du	**solltest**	
Er/Sie	**sollte**	Karla holen.
Wir	**sollten**	
Ihr	**solltet**	
Sie/Sie	**sollten**	

Du **solltest** Karla holen.

ÜG 5.12

Verben mit Wechselpräpositionen Lektion 2

„Wo?" + Dativ ◎	„Wohin?" + Akkusativ → ◎
liegen	legen
stehen	stellen

„Wo?" + Dativ ◎	„Wohin?" + Akkusativ → ◎
Die Sachen **liegen** auf **dem** Tisch.	Tim **legt** die Sachen auf **den** Tisch.
Die Leiter **steht** an **der** Wand	Tim **stellt** die Leiter an **die** Wand

ÜG 6.02

Reflexive Verben Lektion 5

sich bewegen		
ich	bewege	mich
du	bewegst	dich
er/sie	bewegt	sich
wir	bewegen	uns
ihr	bewegt	euch
sie/Sie	bewegen	sich

Fühlen Sie **sich** oft müde?
Ruhen Sie **sich aus**.

auch so: sich verabreden, sich entspannen, sich ärgern, sich beeilen, sich anziehen, sich schminken, sich kämmen, sich waschen, sich umziehen, sich rasieren, sich konzentrieren, sich beschweren, sich interessieren, …

ÜG 5.24

Verben mit Präpositionen Lektion 5

Akkusativ				
	Singular			Plural
Ich interessiere mich **für**	• **den** Tanzsport	• **das** Theater	• **die** Weltmeisterschaft	• **die** Sportnachrichten

auch so: sich beschweren über, sich freuen auf, sich ärgern über, sprechen über, sich freuen über, sich erinnern an, denken an, Lust haben auf …

Dativ				
	Singular			Plural
zufrieden sein **mit**	• **dem** Tanzsport	• **dem** Theater	• **der** Weltmeisterschaft	• **den** Sportnachrichten

auch so: erzählen von, sich treffen mit, sprechen mit, telefonieren mit, träumen von, Angst haben vor …

ÜG 5.23

Grammatikübersicht

Modalverben: Präteritum   Lektion 6

	müssen	können	wollen	dürfen	sollen
ich	musste	konnte	wollte	durfte	sollte
du	musstest	konntest	wolltest	durftest	solltest
er/es/sie	musste	konnte	wollte	durfte	sollte
wir	mussten	konnten	wollten	durften	sollten
ihr	musstet	konntet	wolltet	durftet	solltet
sie/Sie	mussten	konnten	wollten	durften	sollten

ÜG 5.09 - 5.12

Präpositionen

Wechselpräpositionen   Lektion 2

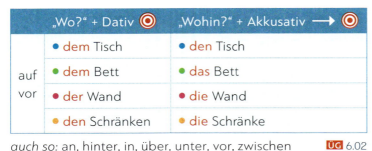

auch so: an, hinter, in, über, unter, vor, zwischen   ÜG 6.02

Präposition: *von* + Dativ   Lektion 7

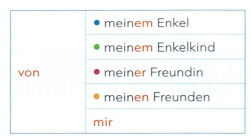

ÜG 6.04

Konjunktionen

Konjunktion: *weil*   Lektion 1

	Konjunktion	Ende
Tim ist traurig,	weil er allein	ist.
Tim kauft ein,	weil er Hunger	hat.
Tim geht es besser,	weil er nette Nachbarn	hat.
Tim kann nicht schlafen,	weil die Musik laut	ist.

Warum bist du heute glücklich?
Weil die Sonne scheint.

ÜG 10.09

Konjunktion: *wenn*   Lektion 4

a Hauptsatz vor dem Nebensatz

	Konjunktion	Ende
Was machen wir,	wenn es einen Notfall	gibt?

b Nebensatz vor dem Hauptsatz

Konjunktion	Ende	⚠	
Wenn es ein Problem	gibt,	(dann) löst	es bitte selbst.

ÜG 10.11

Konjunktion: *dass*   Lektion 6

	Konjunktion	Ende
Es ist wichtig,	dass man einen guten Schulabschluss	hat.
Javier glaubt,	dass er bald als Koch arbeiten	kann.

auch so: Ich glaube / finde / meine / denke / sage, dass ...
Es ist schön, dass ...
Es tut mir Leid, dass ...

ÜG 10.06

Sätze

Syntax: Stellung der Objekte   Lektion 7

	Was? (Sache)	Wem? (Person)	
Ich kann	es	Ihnen	nur empfehlen.

	Dativ(pronomen)	Akkusativ
Wir zeigen	unseren Freunden	Fotos.
	Akkusativ	Dativpronomen
Wir zeigen	sie	ihnen.

ÜG 5.22

Lösungen zu den Tests

Lektion 1

1 a Umzug b Nachbarn c Sachen d Arbeitstag
e glücklich f vermisse h kennenlernen
2 b weil ich arbeiten muss. c weil ich meine
Geldbörse verloren habe. d weil ich einen
Termin beim Arzt habe.
3 a habe ... vergessen b Bist ... angekommen,
bin ... aufgestanden
4 a Zum Glück! b So ein Mist!, Zum Glück!

Lektion 2

1 b stecken c lege d liegt e steht
2 a rüber b rauf d rein
3 b den c ins d das e den f die g der
4 a bitte so nett, hoffe das ist in Ordnung
b Kein Problem, mache ich gern, Vielen Dank
für Ihre Hilfe

Lektion 3

1 b frisch c fast d meistens
2 b einer c einen d welche e eins f keine
3 von oben nach unten: 4, 1, 6, 2, 7, 5, 8, 3
4 a darf ich Ihnen bringen, zu trinken
b möchten bitte zahlen, Zusammen oder
getrennt, Das macht

Lektion 4

1 a Durchschnittlich b Tipp, regelmäßig
c Zusatzleistungen, Verpflegung
2 b Wenn Sie Arbeit suchen, dann lesen Sie
regelmäßig die Stellenanzeigen c Wenn Sie
etwas nicht verstanden haben, dann sollten
Sie nachfragen d Ich nehme einen Tag frei,
wenn ich viele Überstunden gemacht habe
3 b 3 c 4 d 1 e 2

Lektion 5

1 b Mannschaft c Tischtennis d verabredet
e Verein f Ausruhen
2 b dich c mich d sich
3 a über unsere b mit dem, mit ihm
c an unseren, für die
4 von oben nach unten: 1, 6, 8, 3, 5, 7, 2, 4

Lektion 6

1 a Noten, streng, fleißig b Vortrag, Einführung,
Beratung
2 b durfte, musste c konnten
3 b du einen Ausbildungsplatz findest.
c ich zu spät gekommen bin. d du mich
am Samstag besuchst. e man gute Noten
im Zeugnis hat.
4 b 6 c 1 d 5 e 3 f 2

Lektion 7

1 a Schachtel b Parfüm c Creme e Puppe f Ring
2 b Seinen c seinem d seiner e einem
3 b es c Ihnen d es e uns f sie g Ihnen
4 a ich finde es sehr schön b Ich schenke nicht
gern d Muss das sein e Die Hauptsache ist

Quellenverzeichnis

Cover: : Bernhard Hasebeck, München
U2: © Digital Wisdom

S. 9: Ü3, Ü4: Gerd Pfeiffer, München
S. 12: A2: Frau: Christopher Claus, München; Smiley © Getty Images/iStock/pixelliebe
S. 13: A © Thinkstock/iStock/XiXinXing; B © Thinkstock/iStock/Alen-D; C © fotolia/contrastwerkstatt; D © Thinkstock/iStock/palomadelosrios
S. 14: B1: Smileys © Getty Images/iStock/pixelliebe; Hände © Thinkstock/iStock/denisgorelkin
S. 16: C1 B © Thinkstock/iStock/Pixsooz
S. 18: E2: a © Thinkstock/iStock/Sladic; b © Thinkstock/DigitalVision/JackHollingsworth
S. 19: E4: Frau © Getty Images/E+/guvendemir; Smartphone © Thinkstock/iStock/chaofann
S. 21: Foto: Kraus Film, München
S. 23: Bilder: Franz Specht, Weßling
S. 24: Ü1: A © Thinkstock/iStock/Harvepino; B © Thinkstock/Wavebreak Media
S. 29: B5 Tisch © Thinkstock/iStock/Spectral-Design
S. 31: D1: Mann © Getty Images/E+/Sidekick; 1 © Thinkstock/iStock/petovarga
S. 32: E1: Florian Bachmeier, Schliersee
S. 35: Kraus Film, München
S. 41: A3: Valeria © Thinkstock/iStock/Maria Volchetskaya; Jan © Thinkstock/iStock/Rozakov; Sören © Thinkstock/iStock/Ozgur Coskun; Arzu © Thinkstock/iStock/vertmedia
S. 42: B1 rechts © GettyImages/E+/M_a_y_a
S. 44: D1 © Thinkstock/iStock/JackF; D3: süß © Thinkstock/iStock/HandmadePictures; scharf © Thinkstock/iStock/Nikolay Trubnikov; sauer © Thinkstock/iStock/monkeybusinessimages; salzig © Thinkstock/Hemera/Vinicius Tupinamba; fett © Thinkstock/iStock/Diana Taliun; bitter © Thinkstock/iStock/NataliiaGL
S. 45: E1 © GettyImages/E+/RyanJLane
S. 47: Foto: Kraus Film, München
S. 49: Lesen: Trixie © Thinkstock/Zoonar; Imbiss © mauritius images/Alamy; Ü1: Frau © Thinkstock/iStock/SnowWhiteimages; Imbiss © Thinkstock/iStock/Travel_Now; Frühlingsrollen © Thinkstock/Stockbyte/George Doyle
S. 50: Frau Dorner © Cem Ok
S. 54: C2b © GettyImages/E+/Juanmonino; C3 © GettyImages/iStock/GettyImagesPlus/MaryaV
S. 55: C4 © GettyImages/E+/serts
S. 56: D1 © Thinkstock/Stockbyte/Comstock Images
S. 57: E2 © fotolia/Bernd Leitner
S. 59: Foto: Kraus Film, München
S. 60: Frau: Franz Specht, Weßling; Koch © Thinkstock/Wavebreak Media; Polizistin © fotolia/Matthias Stolt; Gärtner © Thinkstock/iStock/Ljupco; Sängerin © Thinkstock/iStock/Ron Sumners
S. 62: Tänzer Bild 2 © Thinkstock/Creatas/Jupiterimages; Basketballteam Bild 6 © fotolia/Monkey Business
S. 63: Tänzer Bild 3, 4 © Thinkstock/Creatas/Jupiterimages; Mikro Bild 8 © Thinkstock/Ivary
S. 66: B1 Hände © Thinkstock/iStock/denisgorelkin
S. 68: C1 Tänzer Handy 2 © Thinkstock/Creatas/Jupiterimages; C2: 1 © Thinkstock/iStock/imagean; 2 © Thinkstock/iStock/flytosky11; 3 © Thinkstock/iStockphoto; 4 © Thinkstock/iStock/Nikola1988; 5 © Thinkstock/Hemera/Benis Arapovic; 6 © Thinkstock/iStock/kzenon
S. 71: Foto: Kraus Film, München
S. 72: © Fupa
S. 73: Waage © Thinkstock/Zoonar/unknown; Hunde © Thinkstock/Polka Dot/Jupiterimages
S. 75: Karte Bild 7 © Thinkstock/Stocktrek Images
S. 78: B2: A © Thinkstock/iStock/ajr_images; B © iStock/Juanmonino; C © fotolia/Rido; D © Thinkstock/iStock/serdjophoto
S. 79: Felix © iStock/Juanmonino; Mika © iStockphoto/J-Elgaard; Nurhan © Thinkstock/iStock/ASIFE
S. 80: C2: Cosmin © PantherMedia/Kiko Jimenez; Daniel © Thinkstock/iStock/Daniel Ernst; Fatma © Getty Images/Juanmonino
S. 83: D3 von oben: © Thinkstock/iStock/imtmphoto; © Thinkstock/iStock/MaxRiesgo; © Thinkstock/iStock/monkeybusinessimages; © Getty Images/Juanmonino
S. 85: Kraus Film, München
S. 86: Lied © Thinkstock/iStock/shironosov
S. 87: schreiben © Thinkstock/Stockbyte/Jupiterimages; Hund © Thinkstock/iStock/jannabantan; Rad fahren © Thinkstock/Fernow; Müll herausbringen © iStock/Juanmonino; Klavier spielen © Thinkstock/Stockbyte/Photodisc; schwimmen © Thinkstock/iStock/SerrNovik; Gitarre spielen © Thinkstock/iStock/Ramonespelt; essen © Thinkstock/Photodisc/Thomas Northcut; Blätter © iStock/mrPliskin
S. 92: Smileys © Getty Images/iStock/pixelliebe; Hände © Thinkstock/iStock/denisgorelkin; **Trauung:** © iStock/valpasc; Torte © Thinkstock/iStock/JoelBoily; tanzen © Thinkstock/iStock/DGLimages
S. 93: C3 © Thinkstock/iStock/GeoffGoldswain
S. 94: 1: Hueber Verlag/Florian Bachmeier, Schliersee; 2 © Thinkstock/iStock/Vicki Reid; 3 © Thinkstock/Creatas
S. 95: 1 © Thinkstock/Hemera/Dmitriy Shironosov; 2 © iStock/monkeybusiness/images
S. 97: Kraus Film, München
S. 98: alle: Kraus Film, München
S. 105: Ü11 © Thinkstock/iStock/michaeljung
S. 106: Ü13 © Thinkstock/iStock/Poike
S. 107: Ü15 © fotolia/OutdoorPhoto; Briefmarke © fotolia/M. Schuppich
S. AB 110: Ü 20: 1 © Thinkstock/iStock/XiXinXing; 2 © Thinkstock/iStock/IR_Stone; 3 © Thinkstock/iStock/ajr_images; 4 © Thinkstock/iStock/MarcQuebec
S. 111: Ü23 © Thinkstock/iStockphoto
S. 113: Ü3 Illu Präpositionswürfel: Gisela Specht, Weßling
S. 118: Ü13 © Thinkstock/iStock/KatarzynaBialasiewicz
S. 121: Ü20 © Thinkstock/Stockbyte
S. 122: Ü25 © Thinkstock/iStock/yanukit
S. 124: Ü28 © Hueber Verlag/Britta Meier
S. 126: © Thinkstock/iStock/EpicStockMedia
S. 127: Ü5 © PantherMedia/Elisabeth Coelfen
S. 128: Ü6: A © Thinkstock/Hemera/Artem Povarov; B © iStockphoto; C © Thinkstock/iStock/Givaga; D © Thinkstock/iStock/Danny Smythe; E © fotolia/euthymia; F © Thinkstock/iStock/seregam; G © Thinkstock/iStock/Manuela Weschke; H © Thinkstock/Zoonar RF; I © Thinkstock/iStock/TPopova
S. 131: © Thinkstock/iStock/Mark Bowden

S. 132: Ü17: A © Thinkstock/Purestock; B: Florian Bachmeier, Schliersee; C © fotolia/GalinaSt; D © Thinkstock/iStock/FlairImages; Ü18: A © PantherMedia/claire norman; B © Thinkstock/iStock/kuppa_rock; C © Thinkstock/iStock/Dejan Ristovski; D © Thinkstock/Hemera/Aaron Amat zaragoza; E © Thinkstock/iStock/Samohin
S. 136: Ü2 Thinkstock/Jupiterimages
S. 137: Ü3 © Thinkstock/iStock/bowdenimages
S. 138: Ü5 © Thinkstock/iStock/Merlas
S. 140: Ü10: Frau © Thinkstock/iStock/Ljupco
S. 142: Ü16 © Thinkstock/DigitalVision/Thomas Northcut
S. AB 144: Ü17: Frau oben © Thinkstock/iStock/Zoran Zeremski; Frau unten © Thinkstock/iStock/michaeljung
S. 145: Ü22 © fotolia/contrastwerkstatt
S. 149: A © Thinkstock/iStock/Serg_Velusceac; B © Thinkstock/Photodisc/Ryan McVay; C © Thinkstock/iStock/nikolasm; D © Thinkstock/iStock/Olga Zhavoronkova
S. 156: Ü25 A © Thinkstock/Hemera
S. 159: Ü2: links © MEV; rechts © Thinkstock/iStock/Brainsil; Ü3 © Thinkstock/iStock/steluk
S. 160: © Thinkstock/iStock/XiXinXing
S. 162: Ü10: A © Thinkstock/MIXA next; B © Thinkstock/BananaStock; C © Thinkstock/iStock/SurkovDimitri; D © Thinkstock/moodboard; E: Florian Bachmeier, Schliersee
S. 164: © iStockphoto/spfoto
S. 165: © Thinkstock/Fuse
S. 166: © Thinkstock/iStock/imtmphoto
S. 168: © Thinkstock/iStock/Frank Merfort
S. 173: Ü10 © iStock/monkeybusinessimages; Ü11 © Thinkstock/iStock/limpido
S. 175: A © Thinkstock/iStock/Magone; B © Thinkstock/iStock/gzorgz; C © Thinkstock/iStock/gzorgz; D © Thinkstock/iStock/zokru; E © Thinkstock/iStock/MatveevAleksandr; F © fotolia/Dron; G © Thinkstock/iStock/BuzyaKalapkina
S. 178: © Thinkstock/iStock/Ridofranz
S. 180: © action press/Kietzmann, Björn
S. 185: Müll trennen © Thinkstock/iStock/petovarga
S. 194: Mann © Thinkstock/Stockbyte/Comstock Images
S. 197: Tennis © Thinkstock/David Spurdens/www.ExtremeSportsPhoto.com/Fuse; Basketball © Thinkstock/Polka Dot Images; Gymnastik © Thinkstock/iStock/yacobchuk; Tischtennis © Thinkstock/iStock/flytosky11; Volleyball © PantherMedia/Simon S.; Fitness © Thinkstock/Wavebreakmedia Ltd; Joggen © Thinkstock/iStock/Martinan; schwimmen © Thinkstock/Comstock; Rad fahren © fotolia/Gregg Dunnett; Fußball © Thinkstock/Pixland; wandern © Thinkstock/iStock/dulezidar; tanzen © Thinkstock/Fuse

Alle anderen Bilder: Matthias Kraus, München
Illustrationen: Jörg Saupe, Düsseldorf
Bildredaktion: Iciar Caso, Hueber Verlag, München